Martin Lichtmesz
DIE HIERARCHIE DER OPFER

Über den Autor

Martin Lichtmesz, geboren 1976 in Wien, publiziert unter anderem in den Zeitschriften *Sezession*, *eigentümlich frei* und *Neue Ordnung*.

Weitere Buchveröffentlichungen: *Besetztes Gelände. Deutschland im Film nach '45* (kaplaken, Bd. 22, Schnellroda 2010), *Die Verteidigung des Eigenen. Fünf Traktate* (kaplaken, Bd. 28, Schnellroda 2011), *Kann nur ein Gott uns retten?* (Schnellroda 2014), *Ich bin nicht Charlie. Meinungsfreiheit nach dem Terror* (kaplaken, Bd. 45, Schnellroda 2015).

MARTIN LICHTMESZ

DIE HIERARCHIE DER OPFER

VERLAG ANTAIOS
kaplaken 51

© 2017 Verlag Antaios · Schnellroda
www.antaios.de
Zweite Auflage, 2017

Buchgestaltung und Satz: Oktavo, Hohen Wangelin
Druck: Koppdruck, Heidenheim

Die Deutsche Bibliothek – CIP-Einheitsaufnahme
Lichtmesz, Martin:
Die Hierarchie der Opfer
Reihe *kaplaken*, Bd. 51, 94 Seiten, gebunden
Zweite Auflage, Verlag Antaios, Schnellroda 2017

ISBN: 978-3-944422-51-0

Inhalt

I. Freiburg, 16. Oktober 2016 7

II. Berlin, 19. Dezember 2016 55

I. Freiburg, 16. Oktober 2016

Am 16. Oktober 2016 wurde die 19jährige Maria Ladenburger in Freiburg im Breisgau um ca. drei Uhr morgens – sie war auf dem Heimweg von einer Medizinstudentenparty – überfallen und vergewaltigt. Fünf Stunden später wurde ihre Leiche von einer Joggerin in der Dreisam entdeckt, in unmittelbarer Nähe des Tatorts; als Todesursache wurde Ertrinken festgestellt. Am 3. Dezember gab die Polizei in einer Pressekonferenz bekannt, daß ein angeblich erst 17jähriger Afghane als Tatverdächtiger verhaftet worden sei. Später stellte sich heraus, daß Hussein Khavari, der sein Alter gefälscht hatte, um Minderjährigenstatus zu erhalten, bereits 2013 in Griechenland eine Studentin eine Klippe hinabgestoßen und schwer verletzt hatte. Anfang November 2015 nutzte er eine Haftentlassung auf Bewährung, um sich als »Flüchtling« nach Deutschland abzuseilen, wo er in Freiburg bei einer afghanischen Familie unterkam. Über den Fall Maria L. war zuvor deutschlandweit berichtet worden, und sogar amerikanische Blätter wie die *New York Times* meldeten die Festnahme des mutmaßlichen Täters.

Die *Tagesschau* der ARD erwähnte den Fall jedoch mit keinem Sterbenswörtchen. Dies rief bei zahlreichen Zuschauern gereizte Reaktionen hervor: War die »Lückenpresse« wieder einmal dabei, ihrem Schimpfnamen alle Ehre zu machen? Sollte ein weiteres Mal eine unerwünschte Folge der »Willkommenskultur« vertuscht, ein ausländischer Täter aus volkspädagogischen Gründen geschützt werden? War der Sender aus Feigheit ausgewichen? Daß dies ganz offensichtlich der Fall war, verrieten die Ausreden des *Tagesschau*-Chefredakteurs Kai Gniffke: »Die ›Tagesschau‹ berichtet über gesellschaftlich, national und international relevante Ereignisse. Da zählt ein Mordfall nicht dazu«, schrieb Gniffke am 4. Dezember in einem offiziellen Blogbeitrag. »Die Herkunft des mutmaßlichen Täters« habe »mit dieser Entscheidung nichts zu tun«. Man berichte ohnehin nur »sehr selten über einzelne Kriminalfälle« und könne doch nicht jeden der etwa 300 Mordfälle pro Jahr melden, wobei es »interessant« sei, daß »diese Zahl in den vergangenen 15 Jahren drastisch abgenommen« habe. »Also mußten wir in den vergangenen Tagen prüfen, ob sich der Freiburger Fall von anderen Mordfällen abhebt. Dies haben wir nicht so gesehen und deshalb den Tod der jungen Frau nicht gemeldet.«

Diese Stellungnahme war wegen ihrer offensichtlichen Unglaubwürdigkeit auch den Kollegen der Zunft hochnotpeinlich. Die *Süddeutsche Zeitung* warnte die *Tagesschau* davor, »den Falschen in die Hände zu spielen«, womit natürlich die »AfD, die sich nun die Hände reibt« gemeint war, die »Rechtspopulisten«, die »›den Medien‹ Manipulation vorwerfen«. Darum sollten sich die öffentlich-rechtlichen Medien »nicht einmal dem Hauch des Verdachts aussetzen, unerwünschte Fakten lieber zu verschweigen«. Damit hatte der Autor der *Süddeutschen* die üblichen Prioritäten gesetzt. Immerhin wies er auf die tatsächlich »überregionale« Bedeutung des Falls hin. »Die beiden Morde erzeugten Panik weit über den Oberrhein hinaus und versetzten Hunderttausende Frauen in Angst, denn sie geschahen mitten im Alltag, auf einem Radweg, beim Joggen.« Wenn aber die Fakten bekannt sind – afghanischer »Flüchtling« vergewaltigt und ermordet junge deutsche Frau –, setzt die große Schlacht um die Deutungshoheit erst ein: inwiefern ist nun diese Tat auch »national« und »gesellschaftlich« relevant und hat etwas mit Afghanen, Flüchtlingen und deutschen Frauen zu tun? Die Stellungnahmen der deutschen Establishmentpolitiker zielten wie stets darauf ab, naheliegende

Schlußfolgerungen abzuwehren. Freiburgs Oberbürgermeister Dieter Salomon »mahnte«, mit dem Ergebnis der Fahndung »besonnen umzugehen und die Herkunft des Täters nicht für Pauschalurteile heranzuzuziehen«. Auch Sigmar Gabriel, ebenfalls ahnend, was nun auf ihn und seine Kaste zukommen würde, zeigte präventive Abwehrreflexe: »Solche abscheulichen Morde gab es schon, bevor der erste Flüchtling aus Afghanistan oder Syrien zu uns gekommen ist«, beruhigte er die Leser der *Bild*-Zeitung. »Wir werden nach solchen Gewaltverbrechen – egal, wer sie begeht – keine Volksverhetzung zulassen.« Ähnlich äußerte sich Angela Merkel, nun auch in der *Tagesschau*, angesprochen auf die Tatsache, daß viele Bürger ihre »Vorurteile« gegenüber »den« Flüchtlingen bestätigt sähen und die Flüchtlingspolitik der Kanzlerin für den Tod Maria Ladenburgers verantwortlich machen würden. Merkel antwortete mit charakteristischer Sprachgewalt: »Ich sage erst einmal, daß dieser Mord schrecklich ist, und daß meine Gedanken bei den Eltern, den Angehörigen sind. Zum zweiten, wenn es sich herausstellen sollte, daß es ein afghanischer Flüchtling war, dann ist das absolut zu verurteilen. Genauso wie bei jedem anderen Mörder, aber auch ganz deutlich zu benennen, und dann sage ich aber auch, daß damit nicht die Ablehnung einer ganzen Gruppe verbunden sein kann, so wie wir auch sonst nicht von einem auf eine ganze Gruppe schließen können.« Die Sache bleibe »ein tragisches Ereignis«, über das man auch »ganz offen sprechen muß«.

Merkel hatte also im Grunde nur mit den Schultern gezuckt und jegliche Verantwortung abgewiesen. Die Tat wurde als ein »tragisches« Ereignis präsentiert, wie es leider immer wieder auf diesem Planeten passiert. Die respektive Herkunft von Täter und Opfer wurde für irrelevant erklärt und rasch das Schwergewicht darauf verlegt, die »Gruppe« in Schutz zu nehmen, aus der der Täter stammt, um nicht die größte aller säkularen Todsünden namens »Rassismus« oder »Diskriminierung« zu begehen. Der offenbar erste Gedanke, der den Regierenden in solchen Fällen reflexartig in den Kopf schießt, ist also trotz ihrer Beteuerungen keineswegs »Mitgefühl« mit den Opfern und ihren Familien, sondern der Impuls zur Schadensbegrenzung. Es geht ihnen dabei gar nicht so sehr darum, edlerweise bestimmte »Gruppen« vor »Vorurteilen« zu bewahren, sondern jeden Zweifel an der von ihnen betriebenen Politik und jeden Verdacht an ihrer Mitschuld an deren Folgeschäden zu ersticken. Die Linie muß durchgehalten, das Narrativ aufrecht erhalten werden. Wenn nun eine solche Tat, wie der Autor der *Süddeutschen Zeitung* einräumte, bei »Hunderttausenden Frauen« Angst auslöste, weil sie Frauen sind, wie stand es nun um möglicherweise »Hunderttausende Deutsche«, die schon lange vor Freiburg ein mulmiges Gefühl hatten, »diffuse Ängste« wie man so schön sagt, angesichts der Massen von Fremden, die von ihrer Kanzlerin fahrlässig in ihr Land geschleust worden waren?

Seit dem Sommer 2015 hatten sich in Deutschland die einschlägigen Taten gehäuft; verfemte Netzseiten wie *Pi-News* haben weit über hundert davon gesammelt und dokumentiert. Das Alter der Opfer reicht von sechs bis neunzig Jahren. Hier ein paar Beispiele aus den Monaten vor dem Fall Maria Ladenburger: Am 3. April mißbrauchten drei afghanische Flüchtlinge einen 12jährigen Jungen in Solingen. Am 15. Mai wurde ein 11jähriges Mädchen in Halle von einem »südländisch« aussehenden Mann bedrängt und ins Gesicht geschlagen, als es sich weigerte, mit ihm mitzugehen. Am 24. Juli wurde eine 79jährige Frau in Ibbenbüren/Nordrhein-Westfalen bei einem Friedhofsbesuch von einem

Flüchtling aus Eritrea überfallen und vergewaltigt. Am 25. Juli tötete ein 21jähriger syrischer Flüchtling in Reutling eine 45jährige schwangere Polin auf offener Straße mit einer Machete, offenbar, weil sie seine Avancen zurückgewiesen hatte. Im September wurde eine 13jährige in Thale/Sachsen-Anhalt von »drei ausländischen Jugendlichen« vergewaltigt. Am 27. Oktober, eineinhalb Wochen nach Maria Ladenburgers Tod, versetzte ein bulgarischer Zigeuner am U-Bahnhof Hermannstraße in Berlin-Neukölln einer jungen Frau mit voller Wucht einen Fußtritt in den Rücken und stieß sie vornüber eine Treppe hinab. Die von einer Überwachungskamera aufgezeichnete Tat wurde deutschlandweit bekannt.

Hin und wieder zeigen sich auch in Deutschland lebende Einwanderer beschämt über gewisse Taten ihrer Landsleute. Die *Badische Zeitung* vom 3. Dezember zitierte den Freiburger »Unternehmer, Rapper und SPD-Kommunalpolitiker Ismael Hares, der in Kabul zur Welt gekommen ist«: Am Ende »bleibt es ein UMA aus Afghanistan, der tatverdächtig ist – und das trifft die Menschen afghanischer Herkunft, die hier leben, besonders hart«. Womit vielleicht auch klargestellt wurde, wer am Ende die eigentlichen, »besonders hart« getroffenen Opfer des Falles sind. Wer darf sich außerdem noch »besonders hart« getroffen fühlen, daß der Täter »afghanischer Herkunft« ist und als »Schutzsuchender« nach Deutschland kam? Wer darf sich »besonders hart« getroffen fühlen, daß das Opfer »deutscher Herkunft« ist und in Deutschland getötet wurde? An dieser Stelle ist nur die von Merkel & Co. vortheaterte Empathie auf der allgemeinmenschlichen Ebene erlaubt, die unverbindlich und sentimental bleibt, und keinerlei, sagen wir, »gesellschaftliche, nationale und internationale« Konsequenzen hat.

Solche zu ziehen forderte Rainer Wendt, der Bundesvorsitzende der Deutschen Polizeigewerkschaft in der *Welt* vom 5. Dezember 2016: »Dieses und viele andere Opfer würde es nicht geben, wäre unser Land auf die Gefahren vorbereitet gewesen, die mit massenhafter Zuwanderung immer verbunden sind. Und während Angehörige trauern und Opfer unsägliches Leid erfahren, schweigen die Vertreter der ›Willkommenskultur‹. Kein Wort des Mitgefühls, nirgends Selbstzweifel, nur arrogantes Beharren auf der eigenen edlen Gesinnung.« Da jaulten die getroffenen Hunde laut auf, unter ihnen der stellvertretende SPD-Vorsitzende Ralf Stegner, der via Twitter zwitscherte: »Einlassungen von DPolG-Chef Wendt

(CDU) zu der grausamen Freiburger Gewalttat ist (sic) politisch widerlich und dümmer als die Polizei erlaubt.« Letzteres läßt sich wohl eher von der rhetorischen Frage behaupten, mit der Oliver Malchow, der Bundesvorsitzende der Gewerkschaft der Polizei, seine ideologische Linientreue signalisierte: »Wie kann man denn behaupten, daß es diese Tat ohne die massenhafte Zuwanderung nicht gegeben hätte?« Ja, wie bloß? Anschließend spielte Malchow einen klassischen Joker aus: »Ich finde, er verhöhnt das Opfer. Es ist unerträglich, daß das Mordopfer noch einmal mißbraucht wird, um gegen Flüchtlinge zu hetzen.« Man beachte auch das aparte Reframing von Wendts Aussage: die Forderung, sich auf Gefahren vorzubereiten, die mit »massenhafter Zuwanderung« verbunden sind, wird flugs zur »Hetze gegen Flüchtlinge« erklärt.

Da beide Seiten als moralisch Empörte auftreten, könnte man hier einen klassischen Konflikt zwischen Gesinnungs- und Verantwortungsethik nach der berühmten Formel von Max Weber diagnostizieren: »Aber es ist ein abgrundtiefer Gegensatz, ob man unter der gesinnungsethischen Maxime handelt – religiös geredet: ›Der Christ tut recht und stellt den Erfolg Gott anheim‹ – oder unter der verantwortungsethischen: daß man für die (voraussehbaren) *Folgen* seines Handelns aufzukommen hat.« Das ist eine Spur, die sich zu verfolgen lohnt. Die »politische Korrektheit« wäre demnach eine Art Ersatzreligion, deren Ethik sich in der Zustimmung zu gewissen dogmatischen Grundsätzen erfüllt, etwa niemals »rassistisch« zu pauschalisieren oder zu »diskriminieren«, alle Menschen als gleich und gleichwertig anzusehen, womit inzwischen gezielt die Prinzipien der Staatsbürgerlichkeit und der nationalen Identität ausgehöhlt werden, mithin also die Grundlagen der nationalstaatlichen Demokratie. Der Psychologe und Politikwissenschaftler Alexander Menschig stellte am 22. Februar 2016 auf achgut.com die Frage, inwiefern pseudoreligiöse Motive hinter dem Debakel der »Flüchtlingskrise« wie der Ideologie des Multikulturalismus überhaupt stehen, wobei er sich explizit auf Paul Gottfrieds Studie *Multikulturalismus und die Politik der Schuld* (Graz, 2004) berief: »Ich frage mich aber, ob nicht vielmehr eine Art religiöser Masochismus, eine moralisch erhöhte Form des protestantischen Schuldabbaus, im Zentrum einer (psychologischen) Analyse stehen müßte. Denn das lautstarke, wenngleich aktuell leiser werdende ›Refugees Welcome‹, ist in seiner abstrakten Hypermoral der Ausdruck für eine letzte, metaphysische Größe die nicht mehr hinterfragbar ist: die eigene und kollektive Schuld, die nun, angesichts des Zustroms der Elenden und Benachteiligten der Erde, abgegolten werden kann. Egal, ob fundamentalistischer Moslem, islamistischer Terrorist, reaktionärer Patriarch oder gewalttätiger Krimineller, alle Menschen sind in Deutschland ohne Ansehen der Person willkommen. In einer quasi religiösen Kollektivneurose nimmt der ›Flüchtling‹ (aktuell: der Schutzsuchende) den Status des Unantastbaren ein, dessen empirische Gestalt nicht thematisiert werden darf.« Man könne gar »von einer Art *Heiligsprechung* des Fremden, des Migranten oder des Flüchtlings sprechen. Er allein kann den Komplex von Schuld und Buße auflösen und die Erlösung bringen. Den ›Anderen‹ als empirische Gestalt darf es aber nicht geben, er bleibt ein reines Abstraktum auf den man seine Xenophilie projiziert«. Aus dieser Perspektive erscheinen die zitierten Reaktionen von Gniffke, Gabriel, Salomon, Merkel, Stegner und Malchow als gesinnungsethische Bekenntnisse oder Rationalisierungen von Rechtgläubigen, die ihre Dogmen zu schützen versuchen.

Eine besonders perfide Kunstfertigkeit im Niederschmettern jeglicher Zweifel an der Merkelschen Asylpolitik im Gefolge des Freiburger Falls legte Bundesrichter Thomas Fischer bei *Zeit Online* vom 13. Dezember 2016 an den Tag. Sein Kommentar »Kein Mord ›wie jeder andere‹« zielte darauf ab, dem »besorgten Bürger«, der in dem Kriminalfall Maria Ladenburger etwas anderes als eine statistisch insignifikante Tat ohne überregionale, nationale oder gesellschaftliche Bedeutung sehen will, ordentlich eins über die Rübe zu braten. Seine im süffisanten bis autoritären Tonfall vorgebrachten elf Punkte strotzten vor Verdrehungen und Falschbehauptungen, die ich hier nicht im einzelnen widerlegen will. Punkt vier bestritt, daß die afghanische Herkunft des Täters irgendeine Relevanz habe: »Warum sollte der Afghane als solcher nun denken, die Frauen in diesem schockierenden Wunderland dürfe, müsse oder solle man vergewaltigen? Darf man das in Afghanistan? Ich glaube nicht. Welche ›migrantische‹ Kultur soll sich hier Bahn gebrochen haben? Springen jugendliche Afghanen in Kabul Radfahrerinnen an und finden nichts dabei, weil das dort üblich oder erlaubt ist? Gibt es, allgemeiner gefragt, irgendein Flüchtlings-Herkunftsland, in dem die Vergewaltigung oder Tötung von zufällig des Wegs einher gehenden Frauen kulturell verankert ist?« Damit hatte sich Fischer ein kolossales Eigentor geschossen, wie Michael Klonovsky auf seinem Blog *Acta Diurna* vom 17. Dezember demonstrierte. »Ca. fünf Minuten« habe es gedauert, bis er ein halbes dutzend Links ergoogelt habe, die diesbezüglich Auskunft geben. So heißt es in einer Stellungnahme von Phumzile Mlambo-Ngcuka, der Präsidentin von UN Women: »Frauen bleiben eine der am meisten marginalisierten Gruppen der afghanischen Bevölkerung. (...) Gewalt gegen Frauen und Mädchen ist in Afghanistan ungewöhnlich hoch und hat ein beinah pandemisches Ausmaß erreicht, mit bis zu 87,2% Frauen, die eine Form der Gewalt erfahren haben, körperlich, psychologisch, sexuell oder ökonomisch.« In der *Welt* vom 25. Januar 2012 schrieb Mohammad Musa Mahmodi, der geschäftsführende Direktor der Unabhängigen Menschenrechtskommission für Afghanistan, daß »Diskriminierung von Frauen und die Gewalt gegen sie ... seit Jahrhunderten in der afghanischen Gesellschaft verankert« seien. Frauen, die in Afghanistan auf einem Fahrrad erwischt werden, laufen übrigens Gefahr, mit Steinen beschmissen oder von Autofahrern absichtlich angefahren zu werden (*Zeit Online*, 17. März 2015).

Seine »postfaktische« Ignoranz hinderte Fischer jedenfalls nicht daran, eimerweise Häme über alle auszugießen, die wie zu Anfang des Jahres im Anschluß an die Kölner Silvesternacht grundsätzliche Debatten über den Status quo der Einwanderungspolitik und ihr Management führen wollen: »Wieder wird eine ›Wende‹ diskutiert, gefordert, konstatiert oder angekündigt. Gewerkschaftsvorsitzende geißeln eine ›verfehlte Flüchtlingspolitik‹, ein Generalsekretär fordert die Änderung des Pressekodex, Talkshows, Chefredaktionen, Hintergrundanalysten und Welterklärer sprechen über migrantische Morde, fremde Vergewaltigungen, deutsche Pressefreiheit und die Bedeutung der Wahrheit.« Besonders ihr Fett bekamen jedoch, wie gesagt, die »besorgten und besorgniserregenden Bürger« ab: »Der Grund, warum die Beschwerdeführer sich so über alle Maßen aufregen, ist weder Mitgefühl mit der Toten und ihrer Familie noch Interesse an der Genese dieses Falls. Es ist vielmehr ausschließlich und ganz allein der Tatsache geschuldet, daß der Beschuldigte Mitglied einer Minderheit ist, deren Aufenthalt in unserem Land auf Angst, Wut, Haß und Ablehnung stößt.« Fischer hätte genausogut das handelsübliche Schlagwort benutzen können: Die »Beschwerdeführer« sind mit anderen Worten schlicht und einfach »Rassisten«, die keinen realen Grund haben, auf den Aufenthalt besagter »Minderheit« in ihrem Land mit »Angst, Wut, Haß und Ablehnung« zu reagieren, nicht einmal angesichts statistisch und überregional vernachlässigenswerter Fälle wie der Vergewaltigung und Ermordung Maria Ladenburgers. Nachdem Fischer die »besorgten Bürger« durchaus gruppendiskriminierend als bloße Rassisten entlarvt und moralisch diskreditiert hatte, stellte er sich selbst in einem um so helleren Licht dar: »Ich teile diese irrationalen, von kenntnisfreier Angst beflügelten Emotionen nicht. Ich finde sie widerlich. Ich bin nicht verantwortlich für das Wohlbefinden und den Quotencheck des Pöbels, sondern für das kleine bißchen Wahrhaftigkeit, das dieses Medium vermitteln kann. Und aus diesem Grunde sage ich Ihnen, liebe empörte Volksgenossen: Lecken Sie mich am Arsch.« Das ist die inzwischen immer gebräuchlicher werdende Sprache der Eliten gegenüber ihren Kritikern, aus demselben Genre wie Sigmar Gabriels »Pack, das eingesperrt werden muß« und Hillary Clintons »basket of deplorables«, gemäß Joachim Gaucks Diktum vom Juni 2016: »Die Eliten sind gar nicht das Problem, die Bevölkerungen sind im Moment das Problem.« Man kann hier unschwer eine zunehmende Gereiztheit darüber erkennen, daß der »Pöbel« einem bestimmten politischen Oktroy nicht mehr zustimmen will. Als »Problem« gelten die ressentimenterfüllten »Abgehängten«, wie die nicht mehr ganz so ressentimentlosen Eliten und ihre Pressemäuler jene Schichten zu nennen pflegen, die »garstige Parteien und schmuddelige Politiker« wählen, wie Rainer Hank ironisierend in der *FAZ* schrieb: »Abgehängt ist nicht nur, wer sich selbst so fühlt. Sondern auch der, den die tonangebenden Kreise als abgehängt identifizieren. Denn für diese Kreise erfüllen die Abgehängten eine erkennbar große Trostfunktion: Endlich gibt es eine simple Erklärung für die vielfältigen Verstörungen unserer Zeit.« Mit anderen Worten: Der Rassismus gegenüber den »Problembürgern« bietet den Eliten einfache Antworten auf komplexe Probleme, um eine bekannte Formel zu zitieren.

Fischers diesbezügliches Urteil war unmißverständlich: »Wer mit Migration nicht leben will und kann, ist vielleicht ein ›besorgter‹, auf jeden Fall aber ein besorgniserregender, in der neuen, globalisierten Welt nicht angekommener Bürger.« Und außerdem generell ein rundum degenerierter, pathologisch verdächtiger Untermensch: »Er ist, nach allen kriminologischen Erkenntnissen der letzten 150 Jahre, in hohem Maß gefährdet und gefährlich, denn er ist subjektiv desintegriert, enttäuscht, frustriert, objektiv auf der Verliererseite. Er neigt in deutlich überproportionalem Maß zum sozialen Rückzug, selbstdestruktivem Verhalten und Sucht, zu irrationalem Haß auf vermeintlich Schwächere und Minderheiten, zu Gewalttaten und zum Anschluß an totalitäre Glaubensgemeinschaften religiöser und politischer Art.«

Wer möchte demgegenüber nicht lieber als psychisch gesund und sozial angepaßt gelten, voller rationaler Liebe zu vermeintlich Schwächeren und Minderheiten, friedfertig, liberal und damit immun gegen totalitäre Versuchungen? Ein solch aufgeklärter, subjektiv integrierter und objektiv auf der Gewinnerseite stehender, in der neuen, globalisierten Welt glänzend angekommener Mensch sein wie Thomas Fischer, der mit Migration prima leben will und kann? Auf diese Weise wird den Migrations-, Multikulturalismus- und Willkommenskulturbefürwortern ein gehobener moralischer und sozialer Status angeboten, während die Gegner dieser Politik zum menschlichen und gesellschaftlichen Sondermüll erklärt werden, ein Vorgang, den man durchaus als eine Form der psychologischen Kriegführung interpretieren kann. Diese Pathologisierungstaktik ist inzwischen die bevorzugte Waffe der Ideologie der politischen Korrektheit: Islamophobie, Xenophobie, Homophobie, Transphobie – für den sich gesund wähnenden Rechtgläubigen sind die Ketzer allesamt psychiatrische Fälle, nicht nur ein »Korb der Erbärmlichen«, sondern ein Käfig voller Narren.

Umgekehrt fallen auch auf der Gegenseite, und dies mit einigem Recht, zunehmend die Hemmungen, den Spieß umzudrehen und die »Gutmenschen«, oder wie auch immer man sie nennen mag, ihrerseits als »psychopathologisch gestört« zu erklären, wie es etwa am 6. Januar 2017 ein Gastautor des Portals *Tichys Einblick* tat. Die Redaktion ruderte aufgrund von »Kritik, die wir sehr ernst nehmen« rasch zurück: «Unterstellung von Pathologie ist für *TE* keine politische Basis. Davon distanzieren wir uns ausdrücklich.« Indes bestätigte nicht nur die überwiegende Zahl der Kommentatoren nachhaltig den Eindruck des Gastautors Jürgen Fritz, sondern auch die Reaktion derjenigen, die sich angesprochen fühlen durften und nach Tichys Entschuldigung erst recht zum Halali bliesen.

Fischer ist ein besonders herzhaftes Beispiel für eine Technik, die auf dem Feld der politischen Propaganda inzwischen weit verbreitet ist. Man übertreibt kaum, wenn man die geballten politisch-medialen Offensiven, mit der die Kritiker der globalistisch-multikulturalistischen Agenda mundtot gemacht werden sollen, als eine Art »Gaslighting« bezeichnet. Die Online-Enzyklopädie für Psychologie und Pädagogik (lexikon.stangl.eu) definiert diesen Begriff, der auf den klassischen Thriller *Gaslight* zurückgeht, als »eine Form emotionalen Psychoterrors bzw. systematischen Mißbrauchs, bei dem der Mißbraucher dem Opfer falsche Informationen gibt und darauf abzielt, daß das Opfer seiner eigenen Wahrnehmung mißtraut, seinen eigenen Verstand und schließlich seine psychische Gesundheit in Frage stellt.« Diese Form des Psychoterrors findet Anwendung bei Phänomenen wie »Mobbing« und »Bossing« und »wird oft von Menschen mit einer narzißtischen Persönlichkeitsstörung eingesetzt. Aus der psychoanalytischen Perspektive handelt es sich um ein Wechselspiel von Projektion bzw. Introjektion eines psychischen Konflikts des Täters auf sein Opfer.« Über die Psychopathologie und den Narzißmus von Gestalten wie, sagen wir, Thomas Fischer, Jakob Augstein, Georg

Diez, Angela Merkel, Wolfgang Schäuble, Volker Beck, Heiko Maas oder Sigmar Gabriel könnte man nun durchaus Spekulationen anstellen. Wer Bekanntschaft mit dem Fußvolk der großen und kleinen Denunzianten gemacht hat, die sich als mutige Kämpfer gegen die »gefährlichen Bürger« inszenieren, weiß jedenfalls, daß man es hier in der Tat häufig mit eher labilen und geltungssüchtigen Personen zu tun hat, die stark zu psychologischen Projektionen neigen. Der amerikanische Computerspiel-Designer Vox Day brach diesen Umstand auf folgende Faustregel herab: »Social Justice Warriors« – also die US-Variante der politisch korrekten Hexenjäger – »lügen immer, legen immer noch eins drauf, projizieren immer.« Auf der großen wie der kleinen Ebene ist das Prinzip dasselbe: die Zynischen erklären sich zu Mitfühlenden, die Irrationalen und Maßlosen zu Vernünftigen und Aufgeklärten, die Dummen zu Gescheiten, die Fahrlässigen zu Schutzbietenden und Verantwortungsträgern, die Totalitären zu Liberalen, die Haßerfüllten zu Friedenstäubchen, die Realitätsverweigerer zu Faktencheckern, die Verfolger zu Verfolgten, die Konformisten zu kritischen Rebellen, die Gleichschalter und Gleichmacher zu »Vielfalts«-Fanatikern.

In der Neujahrsansprache 2014/15 warnte Angela Merkel vor der Pegida-Bewegung, die zu diesem Zeitpunkt rasant an Zulauf gewann. »Allen, die auf solche Demonstrationen gehen«, rief Merkel zu: »Folgen Sie denen nicht, die dazu aufrufen! Denn zu oft sind Vorurteile, ist Kälte, ja, sogar Haß in deren Herzen!« Die komplementäre Message dieser Aussage war, daß sie, Merkel, keine Vorurteile kenne und ein Herz voller Wärme und Liebe habe, was im auf diese Rede folgenden Jahr 2015 dazu führte, daß sie grünes Licht gab, Deutschland mit inzwischen zwei Millionen vorwiegend muslimischen Einwandern zu fluten. Bis ins Vokabular hinein gibt es hier keinen Unterschied zu den Aussagen anderer Häupter der globalistischen Elite, die für offene Grenzen plädieren. Hillary Clinton stellte ihre »hoffnungsvolle und inklusive« politische Vision derjenigen Donald Trumps entgegen, die »dunkel und spaltend« sei. »Meine ist großherzig und nicht engstirnig. Sie möchte die Menschen erheben, nicht runtermachen. Eine Vision, die besagt – und ich glaube das mit meinem ganzen Herzen –, daß wir zusammen stärker sind.« (breitbart.com, 1. November 2016). Auch bundesdeutsche Politiker lieben es, lautstark ihre »großherzigen Visionen« zu verkünden. »Wir kriegen jetzt plötzlich Menschen geschenkt« , rief Katrin Göring-Eckardt im November 2015 am Parteitag der Grünen verzückt aus, im selben Monat, als Hussein Khavari illegal nach Deutschland einreiste. »Unser Land wird sich ändern, und zwar drastisch. Und ich freue mich drauf!«

In der Tat, das Land hat sich seither drastisch verändert. Wurde diese drastische Veränderung aus Fahrlässigkeit oder mit voller Absicht herbeigeführt? Die Online-Enzyklopädie für Psychologie und Pädagogik schreibt über die Praxis des »Gaslighting«, daß es die Intention der Täter sei, »die Betroffenen zu verwirren, sie einzuschüchtern und zutiefst zu verunsichern. Der Täter oder die Täterin arrangiert dabei etwa die Umwelt des Opfers so, daß dieses an seiner Wahrnehmung der Realität zu zweifeln beginnt, allmählich unsicher wird, immer mehr in eine Verteidigungshaltung gerät.« Voilà, auch dies läßt sich ziemlich einfach auf die politische Wirklichkeit des Jahres 2016 übertragen. Die Zahl der im Lande befindlichen Ausländer, »Asylwerber«, »Flüchtlinge« und Einwanderer ist landesweit beträchtlich gestiegen, wobei sich vor allem die Präsenz junger Männer aus muslimischen Ländern deutlich erhöht hat. Mit ihnen kamen gehäufte alltägliche ethnokulturelle

Konflikte, gesteigerte Kriminalität, sexuelle Übergriffe und seit einiger Zeit auch die ersten Zuckungen des islamistischen Terrorismus in Deutschland.

Wer es wagt, diese Dinge auch nur wahrzunehmen und zu benennen oder seine Verunsicherung oder gar Ablehnung zu artikulieren, darf sich darauf gefaßt machen, à la Thomas Fischer als »widerlich«, »irrational«, »kenntnisfrei«, »gefährlich«, »desintegriert«, moralisch minderwertig, angst- und »haß«erfüllt abgestempelt und sozial entsorgt zu werden. Während Politiker wie die Grüne Stefanie von Berg offen bejubeln, daß es in ihrer Heimatstadt Hamburg »in zwanzig, dreißig Jahren gar keine ethnischen Mehrheiten« mehr geben wird (»Und ich sage Ihnen ganz deutlich, gerade hier in Richtung rechts: Das ist gut so!«) und die zunehmende »bunte Vielfalt« als alternativloses, unabwendbares Schicksal gepriesen wird, wird der von Renaud Camus beschriebene »große Austausch« als abwegige »Verschwörungstheorie« hingestellt und die Rede von der »Umvolkung« als »rechtsextrem« gebrandmarkt. Um im Bilde des »Gaslighting« zu bleiben: die Verantwortlichen haben in Deutschland Realitäten geschaffen, die zutiefst beunruhigende Folgen haben. Die Umwelt der Deutschen wird »drastisch«

verändert, aber über diese Veränderungen darf nur in einer bejahenden und beschönigenden Weise gesprochen werden, was dazu führt, daß die Betroffenen an ihrer Wahrnehmung der Realität zu zweifeln beginnen, oder gar an ihrer eigenen moralischen Integrität, was um so stärker wirkt, je schwächer ihre unabhängige persönliche Urteilskraft ausgebildet ist.

Zusätzlich unterstellte Fischer den »lieben Lesern« eine »Mentalität, deren Inhalt man sich einmal vergegenwärtigen sollte: Gnadenlos, abgebrüht, mitleidlos, zynisch«, weil sie bestimmte Morde für »berichtenswerter« halten als andere. »Wie viele malträtierte, aufgeschnittene, zerschlagene, entstellte Leichen haben Sie in Ihrem Leben schon gesehen, berührt, beweint? Was ist für Sie ein ›gewöhnlicher‹, ein berichtenswerter, ein regionaler Mord? Muß die *Tagesschau* berichten, wenn in Leipzig ein verfaulter Obdachloser mit zertrümmertem Schädel und ›Tierfraß‹ im Gesicht auf der Müllkippe gefunden wird? Möchten Sie zur besten Sendezeit unterrichtet werden über die Spuren, welche die ›mindestens zehn Stampftritte auf den Kopf des bewußtlosen Jugendlichen‹ hinterließen, die täglich vor deutschen Schwurgerichten verhandelt werden?« Täglich? Abgesehen von der Hinterfotzigkeit, mit der Fischer hier seine Strohmänner aufbaute: Was würde geschehen, würden die Medien tatsächlich derart detailliert über die Opfer von Migrantengewalt berichten? Würden sich die Zuschauer angeekelt abwenden, würden sie sich empören, würde sich ihre Betroffenheit intensivieren? Würden manche aus ihrem Tiefschlaf erwachen und zu »besorgten« Problembürgern mutieren?

Als die »Flüchtlingskrise« im Spätsommer 2015 auf ihren Höhepunkt zusteuerte, geisterte ein Foto durch das Internet, das in der Folge oft belächelt bis verspottet, schließlich geradezu zum Emblem für die infantile Regression Deutschlands wurde. Es zeigte drei hübsche junge Frauen, keine zwanzig Jahre alt, die auf dem Frankfurter Hauptbahnhof mit strahlendem, arglosem Lächeln ein handgemaltes Transparent präsentieren: »Refugees Welcome« stand darauf zu lesen, in regenbogenbunten Farben, verziert mit Sonnen, Herzchen und einem »Smiley«. Generell taten sich junge Mädchen dieser Sorte bei den Empfangskomitees besonders hervor, und man fragt sich, wie sie wohl von den zahllosen jungen arabischen Männern wahrgenommen wurde, die sich mit diesem seltsamen Anblick und vielleicht auch Angebot konfrontiert sahen. Als Zyniker konnte man sich jedenfalls damals schon ausmalen, welches weitere Schicksal manchen dieser Willkommensmädchen in der nahen Zukunft wohl blühen würde. Ganz Deutschland regredierte damals auf dieses Niveau, mit dem *Spiegel* als Speerspitze, der als »helles Deutschland« ein Kinderfest vor blauem Himmel und smartiesbunten Luftballons auf die Titelseite brachte, mit umseitigem Kontrapunkt »dunkles Deutschland« in Frakturschrift, braunschwarzen Farben und in Form eines brennenden Asylheims (36/2015). Man könnte nun, um auf die Frage des Bundesrichters zurückzukommen, das Bild der drei Frankfurter Bahnhofsgrazien mit einem schockierenden Foto kontrastieren, das seit einigen Jahren die Runde durch das Internet macht, besonders auf einwanderungskritischen bis -feindlichen Seiten, die wenig zimperlich in der Wahl ihrer Mittel sind. Im September 2010 wurde die 27jährige Schwedin Eli Krantz, eine junge, hübsche Frau wie Maria Ladenburger, auch sie spätnachts auf dem Heimweg von einer Party, in Göteborg von einem 23jährigen Äthiopier vergewaltigt und anschließend ermordet. Die Tat war mit äußerster Brutalität verübt worden: »Der Staatsanwaltschaft zufolge schlug und/oder trat der Tatverdächtige die Frau mit solcher Wucht, daß ihr Kopf und Hals sowie ihre Arme und Beine mit Prellungen und Blutergüssen übersät waren. Die Gewaltanwendung war so intensiv, daß sie in Krantzs Gehirn einen Nervenschaden erzeugte, der zu Sauerstoffmangel führte.« Der Täter »drückte Krantz zu Boden und preßte ihre Beine auseinander. Dann schleifte er ihren Körper über das rauhe Terrain und plazierte ihn auf einem Steinblock.« Im Vaginalbereich war die Haut zerrissen und geplatzt. (thelocal.se, 31. März 2011). Das besagte aus Polizeiakten »geleakte« Foto, das zunächst auf einer Pornoseite hochgeladen wurde, zeigt den erstarrten Leichnam mit entblößtem Unterleib, gespreizten und grotesk verdrehten Beinen, übersät mit blauen Flecken und Erdklumpen, das Gesicht zu einer entsetzlichen Grimasse verzerrt. Manche Netzseiten, einige davon unverhohlen neonazistisch, kombinierten dieses Bild in aufpeitschender Absicht mit einem Lebendfoto des blonden Opfers und einem Polizeifoto des dunkelhäutigen Täters, der bereits in den USA wegen Trunkenheit am Steuer vorbestraft worden war. Angeblich soll Krantz die Facebookseite der antirassistischen, gegen die Schwedendemokraten gerichteten Initiative »Vi gillar olika« (»Wir lieben Vielfalt«) »geliked« haben. Einem unbestätigten Gerücht zufolge ist sie auch in einem berüchtigten »satirischen« Musikvideo zu sehen, das vom schwedischen Staatsfernsehen produziert wurde, in dem ein weißer Rapper seine »blonden Schwestern« dazu auffordert, sich sexuell mit Schwarzen zu »vermischen«, damit Schweden kein Problem mehr mit »Integration« hat. Krantz soll dabei zu sehen sein, wie sie rittlings dieser Aufforderung nachkommt und dabei die schwedische Nationalhymne singt.

Auch wenn diese Geschichte nur erfunden ist, so illustriert sie doch sehr gut den mentalen Zustand des Landes. Es ist ein Paradebeispiel für Michael Klonovskys rüden Spruch: »Wer sich allzu sehr feminisiert, ob Mann oder Land, sollte sich nicht wundern, wenn er schließlich auch gefickt wird.« Schweden ist eines der am meisten politisch korrekten Länder Skandinaviens und huldigt exzessiv den üblichen Fetischen wie »Vielfalt«, »Antirassismus«, »Feminismus« oder »Geschlechtergleichstellung«. Dasselbe Land, das als erstes offiziell geschlechtsneutrale Pronomen eingeführt hat, hat auch die höchste Vergewaltigungsrate von Europa – nach einem Bericht des in New York ansässigen islamkritischen und prozionistischen Gatestone Institute aus dem Jahr 2015 sogar die zweithöchste der Welt. Seit 1975, dem Beginn des Multikulturalismus in Schweden, sei sie um 1472 Prozent angestiegen sei. 2009 berichtete die *Welt* über eine EU-Studie, die ebenfalls Schweden an die europäische Spitze der Länder mit den höchsten Vergewaltigungsraten setzte und kommentierte dieses Rätsel so: »Erklärung dafür sehen Experten vor allem im Feier-Verhalten der Nordeuropäer.«

Viel wahrscheinlicher steht dieses Phänomen im Zusammenhang mit der Masseneinwanderung aus muslimischen Ländern wie Irak, Syrien, Algerien, Libyen, Marokko, Tunesien oder Somalia, das zusätzlich zu einem erheblichen Bevölkerungszuwachs geführt hat. Besonders Gruppenvergewaltigungen durch ganze Rudel von jungen Männern sind inzwischen ein weitverbreitetes Phänomen. Schon 2005 schrieb der norwegische Blogger Fjordman über Vergewaltigungsepidemien in Schweden, während ein Foto mit dem blutverschmierten, geschwollenen Gesicht von Jenny Lemon durch das Internet ging, die in der Silvesternacht 2004 zusammen mit einer Freundin von vier somalischen Einwanderern vergewaltigt und beinah zu Tode geprügelt wurde. *Aftonbladet*, das größte Blatt des Landes, sprach damals von »zwei Männern aus Schweden, einem aus Finnland, einem aus Somalia« auf der Grundlage ihrer Staatsangehörigkeit. Im Dezember 2011 wurde eine 29jährige zweifache Mutter in Mariannelund von einer zwölfköpfigen Gruppe Afghanen aus einem lokalen Flüchtlingsheim sieben Stunden lang auf jede nur erdenkliche Weise geschändet, wobei sie zeitweise von drei Tätern zugleich penetriert wurde, während ihre johlenden Kumpane das Opfer als »Hure« und »Schlampe« beschimpften. Als Folge der Tat sitzt die Frau heute im Rollstuhl und muß Windeln tragen (digitaljournal.com/article/346059).

In den Jahren 2014 und 2015 fanden im Laufe des Stockholmer Musikfestivals »We Are Sthlm« dutzende Übergriffe statt, begangen vorwiegend von Einwanderern und Flüchtlingen; sie wurden in den Presseaussendungen der Polizei verschwiegen und erst Anfang 2016 im Zuge der Debatte um Köln von dem Journalisten Lasse Wierup bekannt gemacht. Im Oktober 2016 vergewaltigten fünf afghanische Teenager, asylwerbende »UMA«, einen 14jährigen schwedischen Jungen in den Wäldern von Uppsala. Das Gericht lehnte eine Abschiebung der Täter ab, weil sie von der unsicheren Lage in Afghanistan »hart getroffen« werden könnten. (*Daily Mail Online*,

30. Dezember 2016). Im selben Monat wurde eine behinderte, auf den Rollstuhl angewiesene Frau in einem Flüchtlingsheim in Visby von sechs Migranten vergewaltigt. (*Daily Mail Online*, 11. Oktober 2016). Im Dezember 2016 sperrte ein angeblich 19jähriger Syrer namens Mohammed in Östersund eine 13jährige auf einer Toilette ein und mißbrauchte sie anal und vaginal. (*Fria Tider*, 9. Januar 2017.) Im Januar 2017 wurde bekannt, daß eine Gruppe syrischer Flüchtlinge in Malmö eine schwedische Frau gekidnappt und im Keller eines Wasserpfeifenladens in Helsingborg angekettet und stundenlang vergewaltigt hatte. (*Fria Tider*, 4. Januar 2017.)

Dies sind nur ein paar wenige Fälle unter vermutlich tausenden. Während auch in Schweden der Zulauf zu den »Rechtspopulisten« wächst, hat keine dieser Taten, ebensowenig wie die Ausweitung von No-Go-Zonen in den Großstädten oder der massive Anstieg von »Drogenhandel, Sexualdelikten, Diebstählen, Vandalismus und Bandenkriminalität« (*Kronenzeitung*, 23. September 2016), dazu geführt, daß das politisch korrekte Narrativ grundsätzlich in Frage gestellt wurde. Dies ist dasselbe Land, in dem ein Film wie »Männer, die Frauen hassen« (deutscher Verleihtitel »Verblendung«, 2009) nach dem gleichnamigen Bestseller des 2004 verstorbenen selbsterklärten Kommunisten, »Feministen« und Antifa-Journalisten Stieg Larsson zum Renner wurde. Darin wurde Schweden als eine wahre Hochburg von Gewalt gegen Frauen und Frauenfeindlichkeit geschildert, allerdings nicht aufgrund der Anwesenheit von muslimischen Einwanderern, im Gegenteil: Die Heldin ist eine bisexuell-androgyne Hackerin, ihrerseits Opfer familiären sexuellen Mißbrauchs, die gegen einen patriarchalen Clan aus sadistischen, frauenhassenden, antisemitischen, christlichen, kapitalistischen, weißen Vergewaltigern und Serienmördern kämpft. Der Film und seine Vorlage sind, wie auch der Rest von Larssons »Millennium«-Trilogie, eine Art linker Feindbild-Porno, der die Wirklichkeit ruchlos auf den Kopf stellt, und die dogmatische linke Täter-Opfer-Rollenverteilung auf eine phantastische, wüste Spitze treibt. Er präsentiert die ultimativen Täter und die ultimativen Opfer: weiße, heterosexuelle Männer, die jüdische Frauen vergewaltigen und töten. Sie haben kein anderes Motiv als ihr reines Vergnügen; sie sind mit anderen Worten *böse*. Das ist das schwedische Äquivalent zum »Nazi«, der in der Theologie des Multikulturalismus die Rolle des Teufels spielt.

Wie auch in Deutschland, ist hier jeglicher Maßstab verlorengegangen. Als die Schwedendemokraten im September 2014 bei den Parlamentswahlen einen erheblichen Stimmenzuwachs verzeichneten, schrieb der Stockholm-Korrespondent der *Zeit* allen Ernstes, daß »Stieg Larssons Albtraum« in Gestalt von Jimmy Åkesson »wahr geworden« wäre, obwohl der im Habitus ziemlich softe Vorsitzende der gemäßigt »rechtspopulistischen« Partei zugegebenermaßen eher an einen »perfekten Schwiegersohn« erinnere. Während also der Heiligenstatus des Migranten ungeachtet seiner Taten unangetastet bleibt, gilt ein Politiker, der die Migrantengewalt nicht zuletzt gegen Frauen beenden will, als Verkörperung von Larssons serienmordenden Frauenhassern. 2012 veröffentlichte eine sozialdemokratische Zeitung eine Karikatur von Åkesson, in der er als Kakerlake dargestellt wurde, hinter ihm ein Kammerjäger mit Gesichtsschutz und einem Kanister Schädlingsbekämpfungsgas (!), auf dem die Embleme der Establishmentparteien zu sehen sind. Denkblase: »Wir müssen wohl Soran Ismail rufen«, einen linken Komiker kurdischer Abstammung, dessen bevorzugte Zielscheibe die Schwedendemokraten sind.

»Opfer« und »Täter« sind im Koordinatensystem

der linken Ideologie geradezu metaphysische Kategorien, wobei vor allem die Täter den Ausschlag geben, ob das Bild alle Anforderungen erfüllt. Manche linke Gruppen zerbrechen sich gar den Kopf darüber, ob es zulässig ist, fremdländische Täter bei der Polizei zu melden, wenn dies ihre potentielle Abschiebung zur Folge haben könnte. Auch Feministinnen beteiligen sich gerne an diesem Sport, ein Phänomen, das Ellen Kositza in ihrem Buch *Die Einzelfalle* (Schnellroda 2016) scharfsinnig unter die Lupe genommen hat. Am 20. August 2016, zwei Monate vor dem mutmaßlichen Mord an Maria Ladenburger, veröffentlichte die »Feministische Linke Freiburg« auf dem linksextremen Portal Indymedia einen nach dem letzten Stand gegenderten Beitrag, in dem die Neuregelung des § 177 StGB (Sexualstrafrecht) vom 6. Juli 2016 kritisiert wurde, da sie »auch im Aufenthaltsgesetz in den Vorschriften zu Ausweisungsvoraussetzungen durchgeführt werden« (Deutscher Bundestag), mit anderen Worten Abschiebungen im Zusammenhang mit Sexualdelikten erleichtern soll. Die »Feministische Linke Freiburg« witterte darin einen »Generalverdacht gegen nicht-deutsche-Männer_« (sic) und »die sogenannten Anderen«, gegen »Geflüchtete« und »PoC (nicht-weiße Personen)«, und gab ihr bestes, den Opfern von Übergriffen ein schlechtes »antirassistisches« Gewissen zu machen. Sie legte ihnen allen Ernstes nahe, darüber nachzudenken, ob ihr Leben vielleicht weniger wert sei, als dasjenige ihrer Peiniger, sofern es sich bei ihnen um Nicht-Deutsche, »Flüchtlinge« und Asylwerber handelt: »Mit der Änderung des Aufenthaltsgesetzes werden Betroffene vor schwerwiegende moralische Entscheidungen gesetzt. Welches Leben ist mehr wert? Ist es das der Betroffenen, für die es unerlässlich ist, ihr Gefühl von Selbstbestimmung zurückzuerlangen? Oder ist es das des Täters, wenn er nicht im Besitz der deutschen Staatsbürgerschaft ist? Nicht, daß es schon schlimm genug wäre, sexualisierter Gewalt ausgesetzt zu sein, nein, in Zukunft bekommen Betroffene zusätzlich die untragbare Bürde auferlegt, darüber zu entscheiden, ob sie überhaupt Anzeige erstatten, da für den Täter die Gefahr bestehen könnte, in sein Herkunftsland, zurück zu politischer Verfolgung, Folter, in Kriegsgebiete oder in die Fänge größenwahnsinniger islamistischer Terroristen, abgeschoben zu werden.« In Zukunft werde »jede Entscheidung für eine Anzeige gegen einen nicht-deutschen Täter, alle Betroffenen selbst zu Täterinnen_ machen«, allerdings nur gemäß der Täter-Opfer-Taxonomie der linksradikalen Ideologie.

Es genügt also nicht, als Frau ein »Opfer« zu sein oder durch das Frausein allein einer angeblich »unterdrückten« Gruppe anzugehören; auch der Täter muß der »Richtige« sein. Gegenüber realen Männern, die in Schweden und anderen skandinavischen Ländern Frauen schänden, erniedrigen, foltern oder töten, sind die schwedischen Linken und Feministinnen wie überall sonst in der westlichen Welt erstaunlich nachsichtig, aus dem einzigen Grund, daß sich diese Täter vorwiegend aus Gruppen rekrutieren, denen per se ein quasi metaphysischer »Opfer«-Status zugesprochen wird: nichtweiße, kulturfremde Einwanderer aus der Dritten Welt, Verdammte dieser Erde. Der weiße Vergewaltiger aus dem eigenen Kulturkreis wird zum strukturellen Problem, zum Synonym für männlich-sexistische Unterdrückung, die Tyrannei des »Patriarchats« und der »Rape culture« erklärt. Der nichtweiße, muslimische Vergewaltiger dagegen gilt als rein individueller »Einzelfall«, für den allenfalls die kollektive Kategorie »männlich« gilt. Er wird als Baum aus dem Wald isoliert und anschließend unter das allgemeinere Dach »sexualisierte Gewalt« gepackt, um die Spur zum ethnokulturellen Hintergrund seines Verhaltens zu verwischen. Ist sein Opfer eine weiße Frau, dann steht sie innerhalb dieser metaphysisch fixierten Opferhierarchie immer noch unter ihm. Seine Tat darf auf keinen Fall benutzt werden, um grundsätzliche Fragen nach den Verhaltensmustern bestimmter Einwanderergruppen zu stellen, da dies der multikulturalistischen Heilslehre zuwiderlaufen würde.

Viele der Opfer fügen sich erstaunlich leicht in dieses Narrativ, erst recht in Schweden, das für seinen starken sozialen Konformitätsdruck berüchtigt ist. Fünf Jahre, nachdem das Foto von ihrem blutigen Gesicht um die Welt ging, publizierte die Zeitung *Expressen* einen Artikel, in dem Jenny Lemon aufrief: »Benutzt mich nicht für Haßpropaganda!«: »Ich fühle mich im Großen und Ganzen okay, aber der Gedanke an die Vergewaltigung und die Verwundbarkeit, die ich während des Angriffs und des Prozesses gefühlt habe, ist nie weit entfernt. Als ich von dem Bericht der Schwedendemokraten über Vergewaltigung und Einwanderer hörte, fühlte ich das Gefühl der Machtlosigkeit wiederkehren. Für mich war es nicht wichtig, woher die Kerle kamen, die mir und meiner Freundin dieses Leid angetan haben. Was mich schmerzt, ist die unbeantwortete

Frage, warum sie uns verletzen wollten, und warum wir, wie so viele andere Vergewaltigungsopfer, um unser Recht kämpfen mußten. Es fällt mir schwer zu sehen, inwiefern der Report der Schwedendemokraten Schweden sicherer für Frauen machen oder dazu beitragen wird, den Opfern zu ihrem Recht zu verhelfen. Ich glaube keine Sekunde, daß die Taten, die ich und meine Freundin erleiden mußten, etwas mit kulturellen Unterschieden zu tun haben. Ich bin überzeugt, daß das, was wir erlitten haben, überall auf der Welt als gleichermaßen verächtlich gilt. Ich glaube nicht, daß ich das einzige Vergewaltigungsopfer in der Statistik bin, das es unangenehm findet, von den Schwedendemokraten als Waffe für ihre Wahlkampagne benutzt zu werden. Wenn ich außerdem entdecke, daß mein Name im Internet für fremdenfeindliche Haßkampagnen benutzt wird, dann fühle ich dieselbe Hilflosigkeit, die ich an dem schrecklichen Neujahrsabend fühlte, der mein Leben veränderte« (»Använd inte mig i hatpropagandan«, expressen.se, 26. August 2010).

Jenny Lemon stellte also nicht nur die »Haßpropaganda« im Internet, sondern sogar den Versuch der Schwedendemokraten, einen sachlichen Bericht über den Zusammenhang zwischen Einwanderung und Vergewaltigungswellen vorzulegen, auf eine Stufe mit dem Trauma der Silvesternacht, stellte sich gewissermaßen als ein zweites Mal vergewaltigt dar. In der Tat hat sie wohl gespürt, daß jede auch nur angenommene Nähe zu den Schwedendemokraten sie in die Gefahr der sozialen Ausgrenzung bringen würde. Eine Sorge, die angesichts der giftigen Ächtung dieser Partei und ihrer Anhänger durchaus berechtigt war. Die für das Gatestone-Institut arbeitende Journalistin Ingrid Carlqvist schrieb: »Sobald sie auf einen zeigen und als Rassisten bezeichnen, wird man keinen Job und keine Karriere mehr haben. Man kann sogar seine Familie verlieren. Man hat keine Zukunft mehr.« Hinzu kommen sich verschärfende Antidiskriminierungsgesetze, die »rassistische« Äußerungen, auch im Internet, strafbar machen.

So ist es kein Wunder, daß sich Jenny unerschütterlich zu dem Dogma bekannte, daß nichts mit nichts zu tun habe, und kulturelle und ethnische Unterschiede keine (negative) Rolle spielen. Der Gedanke, daß irgendjemand, erst recht die Schwedendemokraten, hier ein strukturelles Problem erkennen und eventuell handeln könnte, um weitere Taten dieser Art zu verhindern, war für Jenny Lemon »unangenehm«. Lieber grübelte sie darüber nach, warum bloß diese Menschen aus Somalia sie in jener Nacht »verletzen« wollten. Hier könnte man nun dasselbe Spiel treiben wie Michael Klonovsky mit Bundesrichter Fischer. Eine kurze Netzrecherche ergibt, daß der Durchschnitts-IQ in Schweden bei 99, in Somalia bei 68 liegt. Anders als in Schweden herrscht dort seit drei Jahrzehnten Bürgerkrieg. Eine Studie von TrustLaw, einer Stiftung des Medienkonzerns Thomson Reuters, nannte Afghanistan, den Kongo, Pakistan, Indien und Somalia die »für Frauen gefährlichsten Länder der Welt – in der genannten Reihenfolge« (*Spiegel*, 15. Juni 2011). Amnesty International berichtete 2013, daß »Vergewaltigung und andere Formen sexueller Gewalt« seit langem »zu der Vielzahl an Menschenrechtsverletzungen« gehören, »die von verschiedenen Akteuren in dem mehr als zwei Jahrzehnte andauernden Konflikt in Somalia verübt werden.« Stundenlange Gruppenvergewaltigungen gelten dort als »alltägliche Verbrechen« (*taz*, 31. August 2013). Wie in anderen muslimischen Ländern, gelten vergewaltigte Frauen als stigmatisiert und entehrt, weshalb sich viele aus Scham töten (unhcr.org, 14. Juli 2011). Es kommt nicht selten vor, daß vergewaltigte Frauen wegen »Verleumdung« zu Haftstrafen verurteilt werden. (*Spiegel*, 5. Februar 2013; *Die Welt*, 9. Dezember 2013). Es ist also wohl kaum abwegig, anzunehmen, daß Jennys Peiniger von gewissen »kulturellen Differenzen« geprägt waren, die sie von schwedischen Männern unterscheiden.

Hätte sich Maria Ladenburger ähnlich verhalten wie Jenny Lemon, hätte sie die an ihr verübte Tat überlebt? Hätte sie Oliver Malchow rechtgegeben, daß Rainer Wendt sie »verhöhnt« und die Tat »mißbraucht, um gegen Flüchtlinge zu hetzen«? Das ist keineswegs unwahrscheinlich. Maria war allem Anschein nach ein liebenswürdiger »Gutmensch«, subjektiv integriert und objektiv auf der Gewinnerseite wie die Frankfurter Willkommensmädchen, und hatte nicht bloß eine antirassistische Facebookseite »geliked« wie Eli Krantz, sondern sich aktiv in der Flüchtlingshilfe Freiburg engagiert. Ihr Vater Dr. Clemens Ladenburger »ist seit 2008 Assistent des Generaldirektors des Juristischen Dienstes der Europäischen Kommission und als solcher der maßgebliche Autor einiger vielzitierter Stellungnahmen der Europäischen Kommission in Fragen der Grundrechtscharta und ihres Verhältnisses zum Lissabonvertrag und zur Europäischen Menschenrechtskonvention (EMRK). Zugleich ist er Verbindungsmann des Bundesministeriums der Justiz und in kirchlichen und menschenrechtspolitischen Organisationen tätig« (bayernistfrei.com, 4. Dezember 2016). Mithin ist Marias Vater Teil jener Eliten, die die Souveränität der europäischen Nationalstaaten durch die Installierung einer Art Menschenrechtsreligion zu unterhöhlen und ihre ethnische und kulturelle Homogenität durch forcierte Masseneinwanderung aufzulösen trachten. Die Trauerfeier fand am 27. Oktober 2016 ausgerechnet in Brüssel statt. Die Familie bat darum, etwaige Spenden an die »Bildungsarbeit der Kirche in Bangladesch« oder die »Studenteninitiative Weitblick« weiterzuleiten, die sich unter anderem für ein Flüchtlingsheim in Freiburg engagiert. Damit blieb Clemens Ladenburger seiner humanitären Mission treu bis an das Grab der eigenen Tochter, die ihr als Begleitschaden zum Opfer gefallen war. Daß der Täter ein Profiteur der »Willkommenskultur« war, war zu diesem Zeitpunkt freilich noch nicht bekannt. Hat Marias Vater seither seine Meinung geändert? Oder sieht er in ihrem Tod keinen Anlaß, die Flüchtlingspolitik seiner Arbeitgeber in Frage zu stellen? War Maria ein Opfer, das man um der höheren Idee willen in Kauf nehmen mußte? Sind hohe EU-Funktionäre so fanatische Idealisten, daß sie bereit sind, den Tod ihrer eigenen Kinder für die gute Sache hinzunehmen? Wie sieht es mit den Töchtern anderer Menschen aus, die womöglich eine andere Meinung haben und dieser humanitären Mission kritisch gegenüberstehen? Darf auch deren Leben ungefragt aufs Spiel gesetzt werden, für eine gute Sache, an die sie nicht glauben? Der unabhängige Journalist Oliver Janich behauptete, daß kein Geringerer als Martin Schulz Teilnehmer des Begräbnisses gewesen sei, jener Mann also, der im Laufe einer Rede in Heidelberg im Juni 2016 gesagt hatte: »Was die Flüchtlinge zu uns bringen, ist wertvoller als Gold.« Wenn dieses Detail erfunden ist, dann hat es mindestens so eine verlockende symbolische Schlüssigkeit wie der angebliche Auftritt von Elin Krantz in dem »Vermischungs«-Video des schwedischen Staatsfernsehens. Übrigens wurde eine vom AfD-Verband Freiburg organisierte, dreißig Mann starke Mahnwache von etwa 200 Antifanten massiv gestört, ihre Teilnehmer bespuckt, beschimpft und bedroht: »Wir dürfen der Intoleranz der braunen Ratten nicht mit falscher Toleranz begegnen. Es wird Zeit, unseren Rechtsstaat und unsere Demokratie zu verteidigen«, schrieb einer der Rädelsführer auf Facebook.

Zum Abschluß dieses Kapitels sei noch ein weiteres Opfer erwähnt. Am 4. Mai 2016 wurde eine 54jährige Frau am Brunnenmarkt in Wien-Ottakring um halb drei Uhr morgens von einem 21jährigen kenianischen Asylwerber mit einer Eisenstange erschlagen. Ihr Schädel wurde durch acht Hiebe komplett zertrümmert, Knochenteile, Gehirn und Blut waren weit über den Tatort hinweg verteilt. Auch ihr Name war Maria. Sie arbeitete als Putzfrau und befand sich im Gegensatz zu Maria Ladenburger und Elin Krantz nicht auf dem Heimweg von einer Party, sondern auf einer Reinigungstour durch die Wettbüros vom Brunnenmarkt. Sie hinterließ einen 65jährigen frühpensionierten Ehemann und zwei erwachsene Kinder. Sie war weder ein junges, hübsches Mädchen, noch stammte sie aus gutsituierten, privilegierten Kreisen. Sie hatte keinen Kontakt mit den subjektiv integrierten und objektiv auf der Gewinnerseite stehenden herrschenden Eliten, und hat sich auch nicht in der Flüchtlingshilfe engagiert. Im Gegenteil. Sie war aktives FPÖ-Mitglied im blauen Stadtteil Simmering, wo sie in einem Gemeindebau-Grätzl lebte. Auf Facebook hatte sie die Seite der Identitären Bewegung »geliked«. Viele ihrer Arbeitskolleginnen waren Ausländerinnen. Sie war keine »Rassistin«. »Maria hat Afrika geliebt«, erzählte ihr

Mann der *Kronenzeitung* (6. Mai 2016), »wir haben in Uganda Wochen verbracht, waren bei Familienfeiern – diese Lebensfreude der Menschen war eine Faszination für sie.« Sie neigte weder »zum sozialen Rückzug« noch zu »selbstdestruktivem Verhalten«. Der blaue Bezirksvorsteher Paul Stadler beschrieb sie als »ganz liebe, lustige und aufgeweckte Frau, sehr hilfsbereit, für jeden da«. (*Kurier*, 6. Mai 2016) Sie liebte rote Rosen und ihre Chihuahua-Hündchen, trug ihre Haare kurz und färbte sie blond. Sie war exakt der Typ Mensch, über den sich die »Bobos«, die Grünwähler im 7. oder 2. Bezirk und die linksliberalen Journalisten mit Vorliebe lustig machen: »ungebildet«, ohne akademischen Abschluß, aus kleinbürgerlich-proletarischem Milieu, eine sogenannte Abgehängte voller »diffuser«, also völlig unbegründeter und womöglich psychopathologischer Ängste vor Ausländern und Asylanten.

Unvergeßlich ist in diesem Zusammenhang folgende Prosa der *profil*-Redakteurin Christa Zöchling über die Besucher einer FPÖ-Wahlveranstaltung: »Es sind die häßlichsten Menschen Wiens, ungestalte, unförmige Leiber, strohige, stumpfe Haare, ohne Schnitt, ungepflegt, Glitzer-T-Shirts, die spannen, Trainingshosen, Leggins. Pickelhaut. Schlechte Zähne, ausgeleierte Schuhe.« Ansonsten ähnelt das Skript in vielen Punkten den anderen Fällen. Der Täter war 2008 als Minderjähriger legal nach Österreich eingereist. Nach Ablauf seines Visums wurde 2014 eine rechtskräftige Ausreiseentscheidung erwirkt, die jedoch nie vollstreckt wurde. Zum Zeitpunkt der Tat war der Kenianer, der nur wenig Deutsch beherrschte, bereits mehrfach verurteilt worden, wegen »Suchtgifthandels- und -besitzes, Körperverletzung und schwerer Körperverletzung, Widerstands gegen die Staatsgewalt, Diebstahl und Sachbeschädigung«. Bereits im Vorjahr hatte er einen Menschen mit einer Eisenstange attackiert. (*Der Standard*, 4. Mai 2016). Der Täter wurde später aufgrund einer diagnostizierten paranoiden Schizophrenie als »zum Tatzeitpunkt zurechnungsunfähig und damit nicht schuldfähig« erklärt (wien.orf.at). Zu einer Gedenkfeier erschienen der Bezirksvorsteher (SPÖ) und Vertreter der linkskatholischen, flüchtlingsfreundlichen Wohltätigkeitsorganisation Caritas. Auch hier wurde nicht auf Prioritäten verzichtet. So fand sich am Tatort neben Beileidsbekundungen folgender Aufruf: »In unserer Nachbarschaft leben unterschiedliche Menschen, mit unterschiedlichen Backgrounds, und viele sprechen unterschiedliche Sprachen. Gemeinsam lassen wir es nicht zu, daß diese Tat von Menschen instrumentalisiert wird, um gegen Mitmenschen zu hetzen, die Teil unserer Gemeinschaft sind. Denn wir lassen uns nicht auseinander dividieren! Auch in Zukunft soll uns der gegenseitige Respekt verbinden.« (heute.at, 8. Mai 2016).

Eine Mahnwache der Identitären Bewegung wurde aus eigener Initiative abgebrochen, als etwa 120 Antifas mit Baseballschlägern, Fahrradketten und Feuerwerkskörpern aufmarschierten, um eine gewalttätige Eskalation zu provozieren. Die anwesenden Aktivisten, nur fünf an der Zahl, mußten schließlich durch einen Großeinsatz der Polizei vor dem Mob geschützt werden.

Der Mord an Maria Eschelmüller kam nicht aus heiterem Himmel. Er geschah zu einem Zeitpunkt, als das Klima in Österreich durch die Folgeschäden der »Flüchtlingskrise« bereits erheblich aufgeheizt war. Im November 2015 wurde eine 72jährige Frau von einem Asylwerber in Traiskirchen vergewaltigt. Im Dezember 2015 fiel ein irakischer »Flüchtling« in einem Wiener Hallenbad über einen zehnjährigen Jungen her. Im Januar 2016 erstickte ein Asylwerber aus Gambia eine Au-pair-Studentin aus den USA mit einem Kissen. Im März wurde eine 52jährige Frau in Innsbruck von einem 18jährigen Afghanen vergewaltigt. Im April wurde eine 21jährige Studentin am Praterstern, wo sich sexuelle Übergriffe, Messerstechereien, Schlägereien und andere Delikte häufen, von drei »afghanischen jugendlichen Flüchtlingen« geschändet. Kurz vor der Tat am Brunnenmarkt wurde eine 20jährige Frau von einer Gruppe Afghanen belästigt, niedergeschlagen und ausgeraubt, am Bahnsteig der U-Bahn-Station Westbahnhof, wo die Ampelmännchen schwul sind und im Sommer davor die über die Balkanroute ins Land geströmten, nach Deutschland weiterziehenden Massen mit handgemalten »Refugees-Welcome«-Schildchen begrüßt wurden. Kurz nach der Tat wurde bekannt, daß ein syrischer Asylwerber im Salzburger Bezirk Flachgau monatelang ein vierjähriges Mädchen sexuell mißbraucht hatte; ihre Eltern hatten ihn unterstützt und als Babysitter beschäftigt. Maria Eschelmüller war jedenfalls rasch vergessen. Auch ihr Tod blieb ein »tragisches«, statistisch unbedeutendes Ereignis ohne regionale, nationale, internationale oder »gesellschaftliche« Relevanz.

II. Berlin, 19. Dezember 2016

Der zweite neben den Vergewaltigungswellen besonders hervorstechende Folgeschaden der multikulturalistischen Politik ist das Anwachsen der Terrorgefahr, die eng mit der demographischen Islamisierung durch Einwanderung verbunden ist. An die Seite von »Köln« vom Anfang des Jahres trat an seinem Ende »Berlin«: am 19. Dezember steuerte ein islamistischer Attentäter einen Lastwagen in den Weihnachtsmarkt am Breitscheidplatz, zwölf Menschen wurden getötet, 55 zum Teil lebensgefährlich verletzt.

Auch diesmal wurde ein »Flüchtling« als Täter identifiziert, und auch diesmal folgte die Vorgeschichte bekannten Mustern: Der 1992 geborene Tunesier Anis Amri war im Juli 2015 wie Hussein Khavari über Freiburg nach Deutschland gekommen, wo er unter mindestens 14 verschiedenen Namen Asyl- und Sozialleistungsanträge gestellt hatte. Zuvor war er 2011 via Lampedusa nach Italien gelangt, wo er wegen Körperverletzung und Brandstiftung zu vier Jahren Haft verurteilt worden war. Eine Abschiebung nach seiner Haftentlassung im Mai 2015 nach Tunesien scheiterte, weil sein Heimatland die Aufnahme verweigerte. Am 23. Dezember wurde Amri in Italien gestellt und im Laufe eines Schußwechsels mit der Polizei getötet. Am selben Tag veröffentlichte der IS-Propagandakanal Amaq ein Bekennervideo Amris: »Ich verspreche, mich aktiv am Dschihad gegen die Feinde Allahs zu beteiligen, soviel ich kann. Und was jene Ungläubigen betrifft, die die Moslems jeden Tag bombardieren, schwöre ich, daß wir sie jagen und wie Schweine für das töten werden, was sie mit diesen Moslems tun. (…) Ich bete zu Allah, um mir den Weg zu ebnen, jene Ungläubigen zu töten, die den Islam und die Moslems bekämpfen.« Diese Rhetorik ist typisch für den islamischen Extremismus: der Täter stellt sich selbst und seine Glaubensbrüder als Opfer dar, die es zu rächen gilt. Seine Gewalt ist Notwehr, Vergeltung und gerechter Zorn im Namen Allahs; sein Denken geht vom Recht der Gruppe, nicht des Individuums aus, weshalb es ihm als gerechtfertigt erscheint, persönlich Unschuldige zu töten, wenn sie der als feindlich angesehenen Gruppe angehören. Amri attackierte eine individualisierte, fragmentierte, pluralistische Gesellschaft, die diese Gruppenidentifikation und -solidarität kaum noch kennt, und darum ein um so leichteres Ziel ist.

Wie immer bei Terroranschlägen bleiben auch in diesem Fall eine Menge Fragen offen, angefangen von der Tatsache, daß auch Amri angeblich einen Ausweis in dem Tatfahrzeug »vergessen« hat, wie schon so manche andere Täter vor ihm, aus welchen Gründen auch immer. Hinzu kommt, daß Amri bereits zum Zeitpunkt seiner Einreise von der Ausländerbehörde des Kreises Kleve »wegen mutmaßlicher Kontakte zum so genannten IS« gemeldet und bei der zuständigen Staatsschutzstelle Nordrhein-Westfalen angezeigt worden war. Den Behörden war schon seit Monaten bekannt, daß er sich Waffen besorgen wollte und Kontakte zu islamistischen Kreisen hatte (*Berliner Morgenpost*, 7. Januar 2017). Seit Juli 2016 hatte die Polizei wegen schwerer Körperverletzung im Zuge einer Messerstecherei gegen ihn ermittelt. Er war also alles andere als unverdächtig oder ein unbeschriebenes Blatt. Ist dieses Versagen der Behörden lediglich auf eine ungeheuerliche Laxheit zurückzuführen? Die Hintergründe und Ursachen des Terrorismus sowie dieses spezifischen Anschlags will ich an dieser Stelle außer acht lassen. Ich werde mich auf den öffentlichen Umgang mit den Opfern und Tätern konzentrieren, und die Implikationen des Anschlags an demselben Narrativ messen, das uns offiziell serviert wird. Mehr noch als im Fall Freiburg spitzte sich nun die Frage nach der Verantwortung Merkels und ihrer Regierung zu. Die dänische öffentlich-rechtliche Rundfunkanstalt Danmarks Radio interviewte ein älteres Ehepaar am Tatort: »Warum sind Sie eigentlich hier hergekommen heute?« Der Frau erstickte die Stimme. »Weil unser Kind hier schwer verletzt worden ist«, antwortete ihr Mann nach einigem Zögern. »Dankeschön, Frau Merkel, dich wähl' ich mein ganzes Leben lang nicht mehr. Hoffentlich meine ganze Familie und meine Freunde auch nicht.«

Sieben der Todesopfer stammten aus Deutschland. Bis dato wurde kein einziger Name dieser deutschen Opfer bekanntgegeben. Zum Begräbnis des italienischen Anschlagsopfers Fabrizia Di Lorenzo erschienen unter anderem der Staatspräsident, der Innenminister und die Verteidigungsministerin Italiens; der von dem Täter erschossene polnische LKW-Lenker Łukasz Urban wurde in seiner Heimat geradezu als Nationalheld gefeiert, und auch an seinem Begräbnis nahm der polnische Staatspräsident teil; Israels Staatspräsident äußerte persönlich, daß er die Nachricht vom Tod der israelischen Staatsbürgerin Daliya Eliakim »mit großer Traurigkeit«

vernommen habe. Obwohl das Brandenburger Tor am Folgetag mit den deutschen Nationalfarben bestrahlt wurde, verhielt sich die deutsche Regierung kühl und zurückhaltend. Der Bundestag verweigerte hartnäckig eine spezielle Gedenkfeier für die Opfer des Anschlags, vielleicht aus Angst, daß wieder »Pack, das eingesperrt werden muß« aufkreuzen würde, um seinen Zorn zu artikulieren.

Wie zu erwarten, galt auch diesmal Merkels dringlichste Sorge der Reputation ihrer Flüchtlingspolitik: »Ich weiß, daß es für uns alle besonders schwer zu ertragen wäre, wenn sich bestätigen würde, daß ein Mensch diese Tat begangen hat, der in Deutschland um Schutz und Asyl gebeten hat. Dies wäre besonders widerwärtig gegenüber den vielen, vielen Deutschen, die tagtäglich in der Flüchtlingshilfe engagiert sind, und gegenüber den vielen Menschen, die unseren Schutz tatsächlich brauchen und die sich um Integration in unser Land bemühen.« (bundesregierung.de, 20. Dezember 2016).

Dies war eine Art Selbst-Recycling der Kanzlerin. Am 28. Juli des Jahres hatte sich Merkel nach einer urlaubsbedingten Verzögerung endlich dazu bequemt, ein paar Worte über die ersten Regungen des islamischen Terrors in Deutschland zu verlieren.

Am 18. Juli hatte ein als minderjährig registrierter »Flüchtling« aus Afghanistan, der 2015 über Ungarn und Österreich eingereist war, in einer Regionalbahn bei Würzburg fünf Menschen aus Hongkong unter »Allahu Akhbar«-Rufen mit einer Axt attackiert. Das rbb-Inforadio meldete, der angeblich 17jährige sei »tragischerweise« auf Menschen gestoßen, »die gar nicht von hier sind, nämlich auf eine Familie aus Hongkong, die in Deutschland nur zu Besuch war.« Am 24. Juli zündete ein 27jähriger syrischer »Flüchtling«, der 2014 als Asylbewerber nach Deutschland gekommen war, in Ansbach eine Rucksackbombe, die ihn selbst tötete und 15 Menschen verletzte. Am 22. Juli wurde München Schauplatz eines Amoklaufes, der neun Menschenleben kostete. Abgesehen davon, daß der 18jährige Täter Sohn iranischer Einwanderer war und einen Doppelpaß besaß, gab es hier keinen offensichtlichen Zusammenhang mit der Flüchtlingskrise oder dem Islam. Es kursierte eine Vielzahl widersprüchlicher Meldungen, etwa daß der Täter »Allahu Akhbar« gerufen habe oder einen rechtsextremistischen Hintergrund hatte.

Auch in Frankreich war es zur selben Zeit zu terroristischen Exzessen gekommen: Am 14. Juli war in Nizza ein Tunesier mit einem LKW in eine

Menschenmenge gefahren und hatte 86 Menschen getötet, und am 26. Juli köpften zwei IS-Anhänger algerischer Abstammung einen 84jährigen Priester während der Messe in einer Kirche im nordfranzösischen Saint-Étienne-du-Rouvray. Bereits im Juni hob die Polizei eine IS-Zelle aus, die ein Attentat in der Altstadt Düsseldorfs geplant hatte. Alle vier beteiligten Männer waren Syrer, zwei davon waren »2014 im Auftrag der IS-Führung aus Syrien in die Türkei gereist, 2015 dann kamen sie über die Balkanroute nach Deutschland.« (*Spiegel Online*, 2. Juni 2016). Auch etliche der Pariser Attentäter vom 13. November 2015, die im Namen des IS 130 Menschen getötet und 352 verletzt hatten, waren im Zuge der Flüchtlingsströme über die Balkanroute nach Europa gelangt bzw. zurückgekehrt, da sie belgische und französische Pässe besaßen und zuvor in Syrien gekämpft hatten. Zusätzlich waren am 22. März bei konzertierten Selbstmordattentaten am Flughafen und in der Innenstadt von Brüssel, ebenfalls im Namen des IS, 35 Menschen umgekommen und mehr als 300 verletzt worden. Die vier Terroristen hatten enge Verbindungen zu den Pariser Attentätern; drei von ihnen waren in Belgien geboren, sämtliche waren marokkanischer Abstammung.

Merkel äußerte sich damals mit beinahe identischen Worten wie später im Dezember, als die Anschläge von Würzburg und Ansbach um ein vielfaches überboten wurden: »Daß zwei Männer, die als Flüchtlinge zu uns gekommen waren, für die Taten von Würzburg und Ansbach verantwortlich sind, verhöhnt das Land, das sie aufgenommen hat. Es verhöhnt die ehrenamtlichen Helfer, die sich so sehr um die Flüchtlinge gekümmert haben, und es verhöhnt die vielen anderen Flüchtlinge, die wirklich Hilfe vor Gewalt und Krieg bei uns suchen, die friedlich in einer für sie auch fremden Welt leben wollen, nachdem sie woanders alles verloren haben.« (bundesregierung.de) Und sie fügte hinzu: »Dabei ist es im übrigen völlig egal, ob diese Flüchtlinge gemeinsam mit den so vielen Flüchtlingen schon vor oder nach dem 4. September des vergangenen Jahres zu uns gekommen sind.« Was wollte Merkel mit diesem seltsamen Satz sagen? Wollte sie damit etwaigen Vorwürfen zuvorkommen? Ein Kommentator auf *Pi-News* hatte es wohl richtig erkannt (28. Juli 2016): »Frau Angela Merkel leugnet somit völlig ihre mögliche Verantwortung, obwohl sie verantwortlich alleine die Grenzen für Flüchtlinge, die Terroristen beinhalten, geöffnet hat. Denn Öffnung bedeutet die Erlaubnis, ohne Prüfung nach Deutschland und Europa zu gelangen. Merkel hat somit ab dem 4. September 2015 faktisch allen Terroristen dieser Welt ein freies Geleit nach Deutschland und mittelbar in angrenzende Länder wie Frankreich gewährt.«

In einem gewissen Sinne hatte Merkel recht, da die Grenzöffnung vom September 2015 nur eine Eskalationsstufe einer schon viel länger andauernden Entwicklung war. Kern ihrer Rede war jedenfalls, die Durchhalteparole »Wir schaffen das!« zu bekräftigen: »Ich bin heute wie damals davon überzeugt, daß wir es schaffen, unserer historischen Aufgabe – und dies ist eine historische Bewährungsaufgabe in Zeiten der Globalisierung – gerecht zu werden. Wir schaffen das, und wir haben im übrigen in den letzten Monaten sehr, sehr viel geschafft.« Worin diese »historische Bewährungsaufgabe« besteht und was sie mit den »Zeiten der Globalisierung« zu tun hat, erläuterte Merkel nicht weiter. Sie machte jedoch deutlich, daß auch der durch die Grenzöffnung importierte Terrorismus kein Grund sei, den eingeschlagenen Kurs zu ändern.

Man kontrastiere nun dieses Verhalten mit der Reaktion der Kanzlerin auf einen weiteren Komplex von Terrorakten, der nach offizieller Version zehn Todesopfer forderte. Demnach soll die neonazistische Terrorzelle »Nationalsozialistischer Untergrund«, der die seit 1998 untergetauchten Rechtsextremisten Uwe Mundlos, Uwe Böhnhardt und Beate Zschäpe angehörten, zwischen 2000 und 2006 neun Einwanderer sowie 2007 eine Polizistin ermordet haben. Die Taten wurden jedoch erst Anfang November 2011 bekannt, nachdem Böhnhardt und Mundlos auf der Flucht vor der Polizei Suizid begangen hatten und Zschäpe sich gestellt hatte. Der seit 2013 andauernde Prozeß ist bis dato nicht abgeschlossen, und es liegt immer noch kein Geständnis der angeklagten Tatverdächtigen vor.

Bevor ich fortfahre, möchte ich ausdrücklich betonen, daß ich die offizielle Version der NSU-Geschichte für unglaubwürdig halte. Die Masse an Ungereimtheiten, Desinformation und ungeklärten Umständen, wie etwa die Rolle des Verfassungsschutzes, gibt erheblichen Anlaß zum Zweifel. Mir erscheint es vielmehr seltsam, daß es nach der Arbeit etwa von Kai Voss (*Das NSU-Phantom*, Graz 2014) oder des »Arbeitskreises NSU« unter der Leitung des Bloggers »fatalist« immer noch Leute gibt, die das Märchen von der braunen Terrorzelle glauben, die aus purem Ausländerhaß und offenbar wie die Killer Stieg Larssons nur zum eigenen Privatvergnügen acht Türken und einen Griechen ermordet haben sollen. Jedenfalls hat es nie zuvor politische Terroristen gegeben, die darauf verzichtet haben, ihre Anschläge, die immerhin bei bestimmten Zielgruppen Terror auslösen und politische Forderungen propagieren sollen, geheimzuhalten und sich erst mehrere Jahre danach quasi postum zu ihnen zu bekennen. Die mediale und politische Deutung und »Instrumentalisierung« der angeblichen Taten des NSU illustriert trefflich die ideologischen Strukturen, die der gängigen Hierarchisierung der Opfer wie der Täter zugrundeliegen.

Das offizielle NSU-Narrativ, das sich sehr rasch etablierte und in seinen Grundzügen bis dato nicht in Frage gestellt wurde, traf einen nationalspezifischen Nerv der Deutschen und löste eine Kette von politischen Bußritualen und Schuld- und Schambekenntnissen aus. Der Höhepunkt war eine effektvoll inszenierte Gedenkveranstaltung im Konzerthaus Berlin am 23. Februar 2012, die zum symbolpolitischen Hochamt geriet und mit landesweiten Maßnahmen wie Gedenkminuten in Schulen und Betrieben sowie mit breiter Rundfunkauswertung und

Lautsprecherdurchsagen im Nahverkehr von Berlin und Hamburg unterstrichen wurde. Damit wurde die NSU-Geschichte per Staatsakt kanonisiert, noch bevor eine Gerichtsverhandlung stattgefunden hatte, die Täter verurteilt und zahllose Details, die auf eine Verwicklung von Staatsorganen hindeuten, geklärt worden waren. »Der Saal im Konzerthaus am Berliner Gendarmenmarkt ist abgedunkelt. Zwölf Kerzen brennen. Für jedes der zehn Opfer der Neonazi-Zelle eine«, schrieb der *Stern*. »Außerdem ist eine Kerze entzündet stellvertretend für alle anderen Opfer rechtsextremer Gewalt und eine als Symbol für die gemeinsame Hoffnung und Zuversicht. Um 10:30 Uhr tritt Bundeskanzlerin Angela Merkel in schwarz gekleidet vorn ans Pult. Hinter ihr hängt eine glänzende Deutschlandflagge. Sie beginnt mit ruhiger Stimme die Rede, die eigentlich der Bundespräsident hätte halten sollen. Sie bittet um schweigendes Gedenken. ›Mit diesem Schweigen ehren wir die Opfer der Mordserie‹, sagt die Kanzlerin. Sie nennt jeden Namen der zehn Opfer und sagt ein paar Sätze zu jedem. ›Er glaubte als Geschäftsmann an seine Zukunft in Deutschland.‹ Oder: ›Er hat seinen Traum von einem Blumenladen erfüllt.‹« Auch die *Süddeutsche Zeitung* trug dick auf: »Zur Ehrung der Angehörigen gehört auch, daß ein türkischer Komponist gespielt wird, Cemal Resit Rey. Eine dichte, intensive Musik für Violine und Streicher. So emotional berührend wie auch das Gedicht ›Schnee‹ von Ahmet Muhip Diranas, gelesen von Erol Sander. Oder ›Entwöhnung‹ von Erich Fried, gelesen von Iris Berben. Abschied, darum geht es. Abschied von den Lieben. Ein Abschied, der den Angehörigen der Opfer viel zu lange viel zu schwer gemacht wurde.« Zusätzlich wurde, wie übrigens drei Jahre später im Pariser Bataclan am Tag nach dem Massaker, John Lennons Hymne »Imagine« angestimmt, ein Song, der im Grunde nichts anderes als knallharter Bolschewismus mit Zuckerguß ist. Der Text fordert die Abschaffung von Religionen, Nationen und Besitztümern, damit eine Welt erstehe, die sich alle Menschen brüderlich und friedlich teilen. Mit anderen Worten war das Lied eine durchaus passende Kirchenmusik, um die Ideologie der »One World« zu verkünden.

Ismail Yozgat, der bei der Zeremonie anwesende Vater eines Ermordeten, wurde von der SZ als makellose Heiligenfigur gezeichnet: »Kanzlerin Angela Merkel ringt um Erklärungen für die Morde der Neonazis. Sie entschuldigt sich bei den Hinterbliebenen. Doch es ist Ismail Yozgat, der in seiner unfaßbaren

Bescheidenheit die Türen zur Versöhnung öffnet. Er hat seinen Sohn verloren. Nun wird ihm zugehört. Endlich. (...) Mit Geld läßt sich das nicht gutmachen. Ismail Yozgat lehnt es ab, Geld zu nehmen. Er will seelische Unterstützung, so übersetzt es die Dolmetscherin. Was er dann sagt, das klingt eher wie ein Ruf nach öffentlicher Anerkennung: Die Mörder sollen bestraft werden. Die Holländische Straße in Kassel, in der der Mord geschehen ist, soll nach seinem Sohn benannt werden. Yozgat will, daß im Gedenken an die zehn Opfer ein Preis ausgelobt wird. Er sagt das ohne jede Wut, ohne ein Anzeichen für Haß.«

Die mutmaßlichen Täter waren in diesem Drama nicht einfach Psychopathen, Kriminelle oder Außenseiter, die selbst mit ihren hauseigenen politischen Kreisen keinen Kontakt mehr hatten, sondern wurden als Repräsentanten des »ewigen Hitler in uns«, des ewigen »häßlichen Deutschen«, als Spitze des Eisbergs einer immer noch durch und durch »rassistischen« Volksgenossenschaft dargestellt. Eine Art perverses »Wir sind NSU« klang in zahllosen Kommentaren zu dem Phänomen durch. Merkels Sprache orientierte sich an der Prosa der Holocaust-Bewältigung: »Wir vergessen zu schnell – viel zu schnell.

Wir verdrängen, was mitten unter uns geschieht; vielleicht, weil wir zu beschäftigt sind mit anderem; vielleicht auch, weil wir uns ohnmächtig fühlen gegenüber dem, was um uns geschieht. (...) Gleichgültigkeit – sie hat eine schleichende, aber verheerende Wirkung. Sie treibt Risse mitten durch unsere Gesellschaft. Gleichgültigkeit hinterläßt auch die Opfer ohne Namen, ohne Gesicht, ohne Geschichte.« Die NSU-Morde wurden zu einer Art »Mikroholocaust« stilisiert, an dem keine Zweifel erlaubt waren, mit »frischen« Opfern und »frischen« Nazis. Auch hier war die Kombination aus beiden ausschlaggebend. Ausländische Opfer sind die komplementäre Projektionsfläche zu deutschen Tätern. Sie stehen in der Opferhierarchie höher als andere, werden quasi zu Alpha-Opfern erklärt, allerdings nur insofern die Täter Deutsche waren und ihre Motive als »rassistisch« qualifiziert werden können.

Um die Opfer des bis dato so genannten »Dönerkillers« hatte sich bisher niemand groß gekümmert: sie waren, salopp gesagt, stinknormale Ermordete unter tausenden anderen (mindestens drei hatten übrigens nach Angaben der Polizei Kontakte ins Drogen- und Rotlichtmilieu), um die niemand außerhalb der Familien trauerte, schon gar nicht

Angela Merkel. Nachdem das »Zwickauer Trio« als mutmaßliche Täter identifiziert worden war, wurden die Ermordeten zu wahren Märtyrern erklärt, ihr Tod in einen quasi sakralen Kontext gehoben. Lokale Politiker rissen sich geradezu darum, an dem Gedenken teilhaben zu dürfen. In den Jahren 2012 und 2013 wurden in Nürnberg, München, Rostock, Dortmund und Heilbronn Gedenktafeln und -stelen installiert. In Kassel wurde ein Platz nach einem der Opfer benannt, in Hamburg-Bahrenfeld eine Straße.

Merkel badete während ihrer Rede im für deutsche Politiker obligaten »Schuldstolz«, und bat die Angehörigen der Opfer »um Verzeihung« dafür, daß sie teilweise selbst Gegenstand der Ermittlungen waren, mithin also dafür, daß die Polizei ihre Routinearbeit getan hatte. Der Satz »Dafür bitte ich Sie um Verzeihung« wurde von der Presse suggestiv als Bitte um Verzeihung für die Taten selbst hingestellt – ein Satz, der im Juli und Dezember 2016 weitaus angemessener gewesen wäre, dann aber einen Rücktritt der Kanzlerin zur Folge hätte haben müssen. So brachte die *Berliner Zeitung* am Tag nach der Gedenkfeier ein ganzseitiges Bild von Merkel auf der Titelseite, wie sie einem Angehörigen der Opfer die Hand schüttelt, Überschrift: »Deutschland sagt: Biz özur diliyoruz.

Wir entschuldigen uns!« Damit wurde de facto den Türken, wie wohl den Einwanderern generell, suggeriert, daß ihnen als Ganzes ein Unrecht geschehen sei, für das das ganze deutsche Volk mitverantwortlich sei.

Wie zu erwarten, geriet Merkels Rede zu einer »Kampf-gegen-Rechts«-Einschwörung mit allen üblichen Ingredienzien. Sie kündigte einen verstärkten Kampf gegen den »Rechtsterrorismus« an, »weil wir nicht hinnehmen, daß Menschen Haß, Verachtung und Gewalt ausgesetzt werden. Wir tun dies, weil wir entschieden gegen jene vorgehen, die andere wegen ihrer Herkunft, Hautfarbe, Religion verfolgen. Überall dort, wo an den Grundfesten der Menschlichkeit gerüttelt wird, ist Toleranz fehl am Platz. (...) ›Die Würde des Menschen ist unantastbar. Sie zu achten und zu schützen ist Verpflichtung aller staatlichen Gewalt.‹ – So beginnt unser Grundgesetz. Das war die Antwort auf zwölf Jahre Nationalsozialismus in Deutschland, auf unsägliche Menschenverachtung und Barbarei, auf den Zivilisationsbruch durch die Shoah. Das ist das Fundament des Zusammenlebens in unserem Land, der freiheitlich-demokratischen Grundordnung der Bundesrepublik Deutschland.« Der »Kampf gegen Vorurteile, Verachtung und Ausgrenzung«, gegen die abertausenden, oft nur mikrofeinen Keimzellen des Rassismus, die zu braunen Terrorzellen auswachsen könnten, müsse in Form einer totalen Mobilmachung »täglich geführt werden – in Elternhäusern, in der Nachbarschaft, in Schulen, Kultur- und Freizeiteinrichtungen, in religiösen Gemeinden, in Betrieben. Doch Intoleranz und Rassismus äußern sich keineswegs erst in Gewalt. Gefährlich sind nicht nur Extremisten. Gefährlich sind auch diejenigen, die Vorurteile schüren, die ein Klima der Verachtung erzeugen. Wie wichtig sind daher Sensibilität und ein waches Bewußtsein dafür, wann Ausgrenzung, wann Abwertung beginnt«. Denn »Demokratie« lebe »vom Hinsehen, vom Mitmachen. Sie lebt davon, daß wir alle für sie einstehen, Tag für Tag und jeder an seinem Platz«. Was natürlich angesichts der staatlich vorgeschriebenen »antirassistischen« Blindheit gegenüber den zahllosen negativen Folgen des multikulturalistischen »Zusammenlebens« wie ein böser Witz klingt.

Die ausgefeiltere Exegese übernahmen schließlich die Hohepriester der Qualitätspresse, wie etwa Georg Paul Hefty in der *FAZ* (23. Februar 2012). Merkels »feierliche Rede« sei der Staat »seinen Bürgern ausländischer Herkunft, jedoch ebenso der ganzen

Gesellschaft, eigentlich auch sich selbst, schuldig« gewesen. Es sei »eine Tragik, daß unser Staat von Verbrechern und unzulänglichen Behörden in die Defensive gezwungen worden ist, kurz nachdem er mit dem Integrationsgipfel, der Islamkonferenz, der Anerkennung des Islams als nunmehr zugehöriger Religion und dem präsidialen Wort von der bunten Republik in Sachen Einwanderung in die Offensive gegangen war.« Die Verbrechen des NSU »zielten auf die Spaltung in Einheimische und Eingewanderte, auf die Zerstörung der Integrationsfortschritte und die Unterminierung des beiderseitigen (sic!) Integrationswillens.«

Man kann jedoch nicht »spalten«, was gar nicht geeint ist. Die Ideologen des Multikulturalismus stehen vor dem permanenten Problem, die gewünschte »Vielfalt« durch wachsende ethnokulturelle Fragmentierung auf einen gemeinsamen staatlich-gesellschaftlichen Nenner zu bringen. Die Gedenkzeremonie zielte darauf ab, diese Einheit sozusagen mithilfe des Blutes der Opfer des NSU zu stiften: Migranten und zerknirschte Deutsche konnten sich nun im Zeichen des »Niemals wieder« über ihren Gräbern die Hände reichen, unter einmütiger und einigender Verstoßung des rechtsradikalen Sündenbocks. So interpretierte auch Hefty die Feier im Konzerthaus als »Markstein im Zusammenwachsen der Bevölkerung Deutschlands«, die »im Laufe von Jahrzehnten nicht lediglich europäischer und transatlantischer, sondern globalisierter geworden« sei. Auch auf das Argument des vermeintlichen ökonomischen Nutzens des »großen Austauschs« vergaß er nicht: »Die anfängliche Exportnation mußte demographisch zur Importnation werden, um industriell als Exportnation überleben zu können.« Und weil Deutschland aufgrund seiner NS-Vergangenheit »moralisch so diskreditiert« gewesen sei, habe es niemals das Recht gehabt, wie andere Länder seine Einwanderungsaspiranten abzuweisen oder auch nur auszusieben: »Wer wollte sich, wer vermochte sich da zum Richter darüber aufschwingen, welche Kulturen willkommen, welche unwillkommen seien.«

Die NSU-Geschichte wurde also explizit benutzt, um den eingeschlagenen Weg der Multikulturalisierung und des Bevölkerungsaustauschs voranzutreiben und jeden weiteren Widerstand dagegen zu ächten, wofür der »NSU« als abschreckender Kronzeuge herhalten mußte. Zum Abschluß seines Artikels wurde Hefty noch einmal besonders deutlich: »Es hat lange gedauert, bis sich die deutsche Politik und mit ihr die Gesellschaft zur Integration der Einwanderer bekannt haben. Damit war der gleichnamige Prozeß eröffnet, keineswegs jedoch abgeschlossen. Er wird wahrscheinlich nie mehr abgeschlossen sein werden, das bringt die Globalisierung mit sich. Doch darf dieser Prozeß auch nicht noch einmal und von niemandem mehr mit Gewalt gestört, in Zweifel gezogen werden.«

Dies ist der ideologische Schlüssel, warum der islamische Terrorismus keinerlei zivilreligiöse Rituale, Selbstanklagen und Aufrufe zur Umkehr zur Folge hat. Auch er »stört« diesen »Prozeß« mit »Gewalt« und zieht seine Sinnhaftigkeit und seine moralische Berechtigung in »Zweifel«, vor allem wenn seine Opfer Deutsche, Franzosen oder sonstige Autochthone sind, also Menschen, »die schon länger hier leben« (Merkel), noch dazu, wenn es auch solche erwischt, die sich fromm den Geboten der »Weltoffenheit« unterworfen haben. Im islamistischen Terrorismus stellen jedoch Angehörige jener Gruppen den »Prozeß« in Frage, deren Opferstatus ihn eigentlich legitimieren soll. Diese legitimierende, quasi-religiöse Funktion ist auch der Grund, warum die ausländischen Alpha-Opfer im Zuge einer Art von positivem Rassismus derartige Emotionen, ekstatische Bekenntnisse, moralischen Eifer, gerechte Empörung hervorrufen, während die inländischen Beta- bis Gammaopfer »autorassistisch« hingenommen, verschwiegen, bagatellisiert werden.

Dazu muß man sich auch die Rolle ansehen, die bestimmte Opfer für die multikulturalistische Linke spielen. Eine der schärfsten antirassistischen Kettenhundinstitutionen in Deutschland ist die von der ehemaligen Stasi-Mitarbeiterin Anetta Kahane gegründete und geleitete Amadeu Antonio Stiftung, die nach dem 1990 von Skinheads in Eberswalde erschlagenen Angolaner Amadeu António Kiowa benannt wurde. Diese Tat, vom Gericht als »Körperverletzung mit Todesfolge« eingestuft, galt kurz nach Vollzug der deutschen Einheit als Menetekel für ein Wiedererwachen deutscher genozidaler Absichten, die nach Ansicht vieler fanatischer Antirassisten nur durch eine allmähliche Auflösung der ethnischen Homogenität und Identität der Deutschen neutralisiert werden können. So beklagte Kahane im Juli 2015, unverhohlen rassistisch argumentierend, daß es im Osten Deutschlands »gemessen an der Bevölkerung noch immer zu wenig Menschen« gäbe, »die sichtbar Minderheiten angehören, die zum Beispiel schwarz sind«. Es sei »die größte Bankrotterklärung« der deutschen Politik seit der Wiedervereinigung, »daß ein Drittel des Staatsgebiets weiß« geblieben sei.

Andere Opfer rassistischer Gewalt, um die ein regelrechter Kult betrieben wurde, sind etwa der Sierra Leoner Oury Jalloh, der 2005 unter ungeklärten Umständen in Polizeigewahrsam ums Leben kam oder der Asylwerber Marcus Omofuma, der während einer Flugzeugabschiebung unter ähnlichen Umständen starb. In beiden Fällen wurden die verantwortlichen Polizisten wegen »fahrlässiger Tötung« verurteilt. Marcus Omofuma erhielt ein Denkmal auf der Wiener Mariahilfer Straße, während für Jalloh Gedenktafeln angebracht, Filme gedreht und Lieder und Hörspiele aufgenommen wurden. Beide Fälle wurden zum Aufhänger von antirassistischen Kampagnen, Initiativen und Gedenkveranstaltungen. Wikipedia führt einen Artikel, der die Namen von rund 180 »Opfern rechtsextremer Gewalt« nach 1990 samt Alter und Tatort auflistet, wobei etlichen ein eigener Beitrag gewidmet ist. 179 dieser Angaben gehen auf die Amadeu Antonio Stiftung zurück, wobei nur 75 vom BKA anerkannt werden. Vergleichbare offiziöse Listen für die Opfer von Ausländergewalt oder von linksextremer Gewalt (hier fallen vor allem Opfer des Linksterrorismus der siebziger Jahre ins

Gewicht), die politisch ähnlich eingesetzt werden, gibt es nicht.

Antirassistische Märtyrer wie Amadeu António Kiowa, Jalloh, Omofuma oder die Opfer der »Ceska-Morde« (nach der Tatwaffe des angeblichen NSU) erfüllen auf nationaler Ebene dieselbe Rolle wie etwa das am 2. September 2015 an der Küste der türkischen Stadt Bodrum ertrunkene syrisch-kurdische Flüchtlingskind Aylan Kurdi auf globaler Ebene. Das Foto von dem bäuchlings am Strand liegenden kleinen Leichnam mit den blauen Hosen und dem roten T-Shirt fand weltweit massenhafte Verbreitung als herzzerreißende Ikone, die symbolisch für das Leiden aller nach Europa strömenden Flüchtlinge stehen soll, und dies, obwohl sein Schicksal eher untypisch war. Die Familie hatte bereits seit zwei Jahren friedlich in der Türkei gelebt. Aylans Vater Abdullah soll sich entschlossen haben, mithilfe von Schleppern nach Europa aufzubrechen, wobei es unterschiedliche Angaben gibt, wohin die Reise gehen sollte. Sechzehn Passagiere ohne Schwimmwesten sollen an Bord eines Bootes gewesen sein, das nur Platz für acht hatte. Es kenterte bei einer nächtlichen Überfahrt, Abdullahs gesamte Familie ertrank, er allein überlebte.

Auch diese Geschichte hat einige Ungereimtheiten aufzuweisen. Abdullah wurde beschuldigt, als angeblicher Steuermann des Bootes fahrlässig gehandelt zu haben oder gar selbst ein bezahlter Schlepper gewesen zu sein (siehe etwa Wolfgang Eggerts Artikel auf compact-online.de vom 17. September 2015). Tatsache ist, daß das Foto des toten Aylan für eine massive Propagandakampagne verwendet wurde, deren vorrangiges Ziel die moralische Erpressung der europäischen Zielländer war. Aylan wurde postum zum »Star« unter den Opfern der Flüchtlingskrise, und seinem Tod wurde eine für das Weltgewissen schwerer wiegende Bedeutung zugesprochen als etwa dem Tod der zehn Kinder, die dem Attentat von Nizza zum Opfer fielen. Zwei Grafitti-Künstler verewigten den toten Aylan als 120 Quadratmeter großes Wandgemälde am Frankfurter Osthafen. Nachdem es mit dem einwanderungskritischen Slogan »Grenzen retten Leben« übermalt worden war, schufen sie eine zweite Version, die Aylan als glücklich Auferstandenen inmitten von Teddybären zeigte. Der von den Medien hofierte chinesische Künstler und globalistische Propagandist Ai Weiwei posierte auf einem Foto »als Aylan Kurdi«, in derselben Körperhaltung an einem Strand liegend, ein visuelles »Je suis Aylan« als Geste der »Solidarität« mit den Flüchtlingen: »Das Flüchtlingsproblem ist kein lokales oder regionales Problem. Es ist ein Menschenrechtsproblem, es geht um fundamentale Werte, die jeden angehen. Aylan Kurdi ist nicht nur eine Einzelperson. Im vergangenen Jahr 2015 ertranken jeden Tag zwei junge Personen wie er. Es ist wichtig, daß ich mich in diese Lage versetzt habe, und ich glaube, daß man sich immer involvieren muß, daß man handeln muß. Ein Flüchtling ist nicht bloß jemand, der kein Glück hat. Wenn jemand Unglück hat, heißt das, daß wir alle Unglück haben. Wir müssen immer denken, als wären wir eins.« (www.dazeddigital.com, »Ai Weiwei on drowned refugee child Alan Kurdi one year on«.) So wurde Aylan zum »Stand-in« für die Menschheit schlechthin erklärt, beinahe zu einem Christuskind, analog den »Menschen vom Ganges«, die den verzückten Humanitätsgläubigen in Jean Raspails Roman *Heerlager der Heiligen* als »eine Million Christusse« erscheinen.

Die zentrale Rolle, die Täter-Opfer-Narrative für den Multikulturalismus und die Politik der Schuld (Paul Gottfried) spielen, hat zur Konsequenz, daß ein permanenter Bedarf an entsprechenden Tätern und Opfern herrscht. Wie man angesichts der Zeremonie im Berliner Konzerthaus gut studieren kann, werden in diesem kryptosakralen Rahmen auch die Täter zu einer Art »Opfer« zweiten Grades, frei nach der Sündenbock-Theorie René Girards, die in groben Zügen besagt, daß die latente Gewalt innerhalb der konkurrienden Mitglieder einer Gesellschaft pazifiziert werden kann, indem sie auf einen Dritten abgeleitet wird, der als der Schuldige an diesen Spannungen, die im äußersten Fall zum Bürgerkrieg oder zum Hobbesschen Krieg aller gegen alle führen können, identifiziert wird. Im unbewußten Stadium des Mythos zweifelt nach Girard niemand an der Schuld dieses »Sündenbocks«, der rituell geopfert wird, um die Götter zu besänftigen, die Gesellschaft zu expurgieren und Unheil von ihr abzuwenden. Damit soll freilich nicht gesagt sein, daß das »Zwickauer Trio« unschuldig war. Aber es wurde auf der symbolischen Ebene zu einem repräsentativen Teufel und Sündenbock imaginiert, dem man nicht nur die »Döner-Morde«, sondern sämtliche Sünden der »Vorurteile«, des »Rassismus«, der »Diskriminierung« oder gar des Deutschseins an sich aufhalsen könne. Die Opfer des NSU wiederum belebten erneut die »deutsche Schuld«, die Vorbedingung der Erlösung durch den Multikulturalismus ist. Erst durch den Täter-

Opfer-Komplex in seiner Gesamtheit wird ein »versöhnendes Opfer« ermöglicht. In der Tat führt die innere Gewaltkrise, die durch den Multikulturalismus ausgelöst wird, dazu, daß die gesamte »Rechte« im weitesten Sinne als Sündenbock für sein Scheitern herhalten muß. Es liegt nie an einem Konstruktionsfehler im Bauplan, am Verhalten der Einwanderer, an der Natur des Islam, an den ethnokulturellen Konflikten, die sich aus dem Zusammenstoß von Völkern und Kulturen ergeben, wenn das multikulturalistische Experiment mißlingt – stets werden »Rassismus«, »Haß«, »Hetze«, »Deutschtümelei« und »Intoleranz« der »Rechten«, oder was man dafür hält, verantwortlich gemacht.

Es ist inzwischen zum Standardwitz geworden, das Opfer-Täter-Schema bestimmter Tatvorgänge »umzukehren«, und sich die entsprechende Reaktion der Presse auszumalen. Was wäre gewesen, wenn in Köln Horden von Skinheads Jagd auf Muslimas gemacht hätten? Wenn eine Bande von biodeutschen Hooligans in Kirchweyhe einen Türken erschlagen hätte? Wenn Rechtsextremisten einen ähnlich systematischen Terror gegen grüne Politiker und Parteimitglieder ausüben würden, wie es Antifanten gegen Politiker, Mitglieder und Sympathisanten der AfD tun? Die insgeheime Gier der Medien nach »rechter Gewalt« wurde in der Vergangenheit oft unter Beweis gestellt. Berüchtigstes Beispiel ist der Fall Sebnitz vom November 2000, als die später als Greuelstory entlarvte Nachricht verbreitet wurde, nicht weniger als 50 »Nazis« hätten drei Jahre zuvor einen kleinen Jungen mit Migrationshintergrund in einem Schwimmbad ertränkt, was wochenlange Kampagnen und Hexenjagden zur Folge hatte. 2006 wurde der Deutsch-Äthiopier Ermyas Mulugeta an einer Potsdamer Haltestelle niedergeschlagen und lag in der Folge mehrere Monate im Koma. Auch dieser Fall führte zu Debatten und Kampagnen, die sich am Rande der Hysterie bewegten. Als öffentliche »Sündenböcke« für diesen angeblich rassistisch motivierten »Mordversuch« wurden die beiden deutschen »Haßschläger« (*Berliner Zeitung*) Björn L. und Thomas M. ausfindig gemacht, die »in Guantánamo-Manier« (Thorsten Hinz) per Hubschrauber und mit verbundenen Augen zur Vernehmung nach Karlsruhe geflogen wurden. Die beiden wurden schließlich vom Tatvorwurf freigesprochen, während eine Anrufbeantworteraufnahme bewies, daß Mulugeta zum Tatzeitpunkt stockbesoffen gewesen war, und sowohl seine Ehefrau am Telefon als auch diverse Passanten als »Schweinesau« tituliert hatte.

Als am 12. Januar 2015 der syrische Asylbewerber Khaled Idris Bahray erstochen wurde, wurde augenblicklich verkündet, daß die Tat »rassistische«, wahrscheinlich von Pegida inspirierte Motive habe. In Berlin, Potsdam und Leipzig fanden Kundgebungen und Mahnwachen für den Ermordeten statt, während in Dresden ein Trauermarsch unter dem Motto »Im Gedenken an Khaled I. – Rassismus tötet immer wieder« organisiert wurde, an dem 2 700 Demonstranten teilnahmen, hauptsächlich aus dem linksextremen Spektrum. Hunderte Bilder von Khaled und Transparente mit Parolen folgender Art wurden hochgehalten: »Refugees Welcome – Dem rassistischen Mob entgegentreten«, »Khaled ist Dresdner«, »Toleranz fördern, Angst stoppen«, »Rassismus demaskieren«. Später stellte sich heraus, daß sich auch der Mörder unter die Demonstranten gemischt hatte – Hassan S., ein 26jähriger eritreischer Asylbewerber. Sobald diese Tatsache bekannt wurde, sank das mitfühlende Interesse der engagierten Antirassisten am Schicksal Khaleds rapide. Nichts entlarvt die religiös-ideologische Struktur des antirassistischen Opferkultes gründlicher als dieser Vorgang. Das

Opfer ist nur dann interessant und sakral aufladbar, sofern es sich in das entsprechende Narrativ fügt; ausländische Opfer von Ausländergewalt werden in diesem Kontext genauso ignoriert wie deutsche.

Da nun die »rechte Gewalt« essentieller Baustein des multikulturalistischen Narrativs ist, muß sie notfalls erfunden oder zumindest als Phantom beschworen werden. Das berüchtigte »Helles/Dunkles Deutschland«-Cover des *Spiegel* (36/2015), das am Zenit des Willkommensrausches erschien, und auf der »dunklen« Seite ein brennendes Asylheim zeigte, präsentierte eine täter- wie opferlose Tat, als wären von Rostock, Mölln und Solingen nur mehr die Kulissen übriggeblieben. Die »brennenden Asylheime« waren in den Jahren 2015/16 das Hauptargument der Medien, um einen Anstieg »rechter Gewalt« in Deutschland zu suggerieren und die Angst vor »rechts« zu schüren. Obwohl die allermeisten Fälle ungeklärt sind, und sich in etlichen Fällen Asylanten als Schuldige erwiesen haben, sei es durch Brandstiftung oder Fahrlässigkeit, werden sie immer wieder pauschal »Neonazis und Asylgegnern« in die Schuhe geschoben. Der *Spiegel* (39/2016) behauptete im September 2016, daß »Rechtsextremisten und Rassisten immer häufiger gewalttätig« seien. »Von

Januar bis Mitte September registrierte die Polizei bereits 507 Fälle fremdenfeindlicher Gewalt – damit hat sich die Zahl gegenüber dem Vorjahr (389 Taten) nahezu verdoppelt.« Abgesehen davon, daß 778 das Doppelte von 389 ist, nicht 507, wundert man sich über die relative Abwesenheit dieser angeblichen Gewalttaten in der Presse, der doch nichts gelegener kommen könnte, als solche Fälle auszuschlachten.

Vom 5.–16. August 2016 war auf dem Hauptbahnhof Berlin eine Ausstellung mit dem Titel »Die Wölfe sind zurück« zu sehen, die darauf abzielte, »Haß und Gewalt« in Deutschland anzuprangern. Die 66 martialischen Werwolf-Skulpturen mit Namen wie »NSU-Mann«, »Blinder Hasser« oder »Mitläufer«, die im Anschluß auch in Dresden, Potsdam und per Fotomontage vor den Reichstag plaziert wurden, sollten ausschließlich die Haßgefahr »von rechts« verkörpern sollten, worauf begleitende Texte ausdrücklich hinwiesen: Pegida, AfD, NPD wurden genannt, Lutz Bachmann, Björn Höcke oder André Poggenburg als Beispiele für die laufende »Verluderung der politischen Kultur« zitiert: »In der Folge brennen Asylheime, das Bundeskriminalamt meldet für 2016 bereits mehr rassistische und rechtsradikale Straftaten denn je.« Die Ausstellung erschien um so bizarrer, als sie kaum einen Monat nach der Welle islamistischer Terroranschläge in Nizza, Saint-Étienne-du-Rouvray, Würzburg, Ansbach und dem Massaker von München eröffnet worden war. Nicht die tatsächlichen Killer und Bombenleger waren aus dieser Sicht die Werwölfe, sondern diejenigen, die vor ihnen gewarnt und die die Schuldigen an ihrer Ausbreitung angeprangert hatten. An der Existenz der rechten »Werwölfe« wird indes mit einer gespenstischen Sturheit festgehalten. »Wir haben den rechten Terror«, behauptete die pathologisch auffällige Antifa-Journalistin Andrea Röpke am 7. Januar 2017 im *Deutschlandradio*, wobei sie »Alltagsterror« gegen »Flüchtlingseinrichtungen« und »Parteibüros« meinte, mithin eine Form des »Terrors«, die von linksextremer Seite ungleich häufiger ausgeübt wird.

Nach dem Anschlag auf den Breitscheidplatz in Berlin läßt sich der Zusammenhang zwischen Terrorismus, Islamisierung und »Flüchtlingskrise« kaum mehr bestreiten, ebenso wenig wie die evidente Mitverantwortung Angela Merkels. Einige Abwehrgefechte werden noch geführt. Am 21. Dezember 2016 fragte die *Bild*-Zeitung den Bundesinnenminister Thomas de Maizière, was er Menschen antworte, die sagen: »Das sind Merkels Tote!« De Maizière: »Eine solche zynische Behauptung hat mit der Realität nichts zu tun. Das finde ich widerwärtig.« Was hätte er auch anderes sagen sollen, als einer, der selbst bis zum Hals in der Verantwortung drinnensteckt? »Zynisch«, »widerwärtig« oder »widerlich«: Das sind dieselben Adjektive, die auch Thomas Fischer und Oliver Malchow gebrauchten, um analoge Vorwürfe abzuwehren.

Indes hat es bald jeder Depp kapiert, daß es in der Tat Merkels, Fischers, de Maizières oder Malchows Tote sind. Der Chor der Kritiker wächst. Besonders deutlich äußerte sich neben den üblichen Verdächtigen der AfD Sahra Wagenknecht, die Chefin der Linksfraktion im Bundestag. Merkel trage innen- wie außenpolitisch eine erhebliche Mitverantwortung für die Tat: »Neben der unkontrollierten Grenzöffnung ist da die kaputtgesparte Polizei, die weder personell noch technisch so ausgestattet ist, wie es der Gefahrenlage angemessen ist«, außerdem »die von Merkel unterstützten Ölkriege der USA und ihrer Verbündeten, denen der ›Islamische Staat‹ erst seine Existenz und Stärke verdankt« (*Die Welt*, 4. Januar 2017).

Nicht nur peinlich, sondern geradezu inkriminierend wirken nun die koketten »Selfies«, die die Kanzlerin mit arabischen »Refugees« machen ließ. Das Mantra des »Wir schaffen das« klingt dünner, kleinlauter und unglaubwürdiger als je zuvor. Die Grenzen haben sich nicht aufgelöst, sondern lediglich ins Innere verschoben. Im Dezember 2016 mußten deutsche Weihnachtsmärkte und Silvesterfeiern durch schwere Polizeiaufgebote geschützt werden. Die seit dem Anschlag auf *Charlie Hebdo* vom 7. Januar 2015 üblichen Rituale haben sich in Europa seither zu oft wiederholt, um noch glaubwürdig zu wirken. Mit immergleichen Phrasen wird die »Tragik« des Anschlags bedauert, die Gesellschaft aufgerufen, sich nicht »spalten« zu lassen und animiert, sich in regressive Kundgebungen zu stürzen, auf denen es Teddybären hagelt und »Liebe«, »Frieden« und »Toleranz« beschworen werden. Alle paar Monate oder Wochen wird das Brandenburger Tor mit den Nationalfarben eines Staates bestrahlt, den es mal wieder erwischt hat, sei es Frankreich, Deutschland, Belgien oder Israel. Jedesmal wird davor gewarnt, nun bloß nicht der »Instrumentalisierung« der Tat durch die AfD, den Front National oder sonst eine islam- und einwanderungskritische Partei auf den Leim zu gehen. Und danach geschieht genau – nichts. Der Kurs wird stur eingehalten, mit dem Unterschied, daß die staatliche Video-, Telefon- und Netzüberwachung verstärkt und die Polizei- und Militärpräsenz ein weiteres Mal aufgestockt wird, die Antidiskriminierungs- und »Hate Speech«-Gesetze erweitert werden und der Verfassungsschutz immer mehr und mehr Gruppen und Einzelpersonen »beobachtet«. So forderte de Maizière in der *FAZ* vom 3. Januar 2017 als Antwort auf den Berliner Anschlag die Zentralisierung des BKA und der Landesämter für Verfassungsschutz, wobei die Bundespolizei »schrittweise« zu einer »echten Bundes-Polizei« ausgebaut werden müsse. Es sei das Gebot der Stunde, einen »starken Staat« zu schaffen, zum »Schutz der Bevölkerung«, die mehrheitlich die »Videoüberwachung keineswegs fürchtet, sondern fordert«. Gleichzeitig brauchen »wir« einen »echten Massenzustrom-Mechanismus, der Europa krisenfest macht, wo, wie und wann auch immer eine Migrationskrise entsteht.« Die angebliche »Weltoffenheit« der offenen Grenzen führt zu verstärkter Repression und Spannungsaufladung im Inneren, während die Masseneinwanderung nicht gestoppt, sondern lediglich reibungsloser gestaltet werden soll.

Als die Flüchtlingswelle anrollte, mußte man kein Hellseher sein, um vorauszusehen, daß in absehbarer Zeit einige der Willkommensmädchen vergewaltigt und deutsche Staatsbürger Opfer von Kriminalität, Gewaltverbrechen und Tötungsdelikten werden würden. Es war nach allem realistischen Ermessen unmöglich, daß die Flüchtlingswellen keine derartigen Begleitschäden mit sich bringen würden; man konnte allenfalls hoffen, daß sich deren Ausmaß in einem erträglichen und möglichst minimalen Rahmen halten würde. Ebenso erwartbar waren die Folgen des Imports von hunderttausenden muslimischen jungen Männern aus Kriegs- und Terrorgebieten. Der IS hatte bereits Monate vor dem Sommer 2015 angekündigt, die Flüchtlingsströme zu nutzen, um Terroristen nach Europa zu schleusen. Die *Welt am Sonntag* berichtete am 25. Oktober 2015, daß ihr Informationen vorlägen, wonach man sich im Verfassungsschutz, im Bundeskriminalamt, beim Bundesnachrichtendienst und der Bundespolizei »erhebliche Sorgen um die innere Sicherheit der Bundesrepublik« mache: »›Der hohe Zuzug von Menschen aus anderen Weltteilen wird zur Instabilität unseres Landes führen‹, warnt demnach ein mit Sicherheitsfragen vertrauter Spitzenbeamter. ›Wir produzieren durch diese Zuwanderung Extremisten, die bürgerliche Mitte radikalisiert sich, weil sie diese Zuwanderung mehrheitlich nicht will und ihr dies von der politischen Elite aufgezwungen wird‹, befürchtet er weiter. Seine Prognose ist düster: ›Wir werden eine Abkehr vieler Menschen von diesem Verfassungsstaat erleben.‹ (...) Eine Integration Hunderttausender illegaler Einwanderer in Deutschland sei angesichts der Zahl und der bereits bestehenden Parallelgesellschaften gar nicht möglich, befürchten Sicherheitsexperten. Stattdessen ›importieren wir islamistischen Extremismus, arabischen Antisemitismus, nationale und ethnische Konflikte anderer Völker sowie ein anderes Rechts- und Gesellschaftsverständnis‹, heißt es in einem unterschriftslosen Papier, das unter hochrangigen Sicherheitsbeamten des Bundes kursiert und der *Welt am Sonntag* vorliegt.«

Es ist kaum vorstellbar, daß Merkel weniger informiert war als ihre Sicherheitsdienste oder die Leser der *Welt*. Auch Naivität ist keine plausible Erklärung. Vielleicht wird Merkels Vorgehen verständlicher, wenn man darin den Glaubensakt einer Art Religion sieht. Die globalistische Utopie funktioniert in dieser Hinsicht nicht anders als der artverwandte Kommunismus, der imstande war, das Leben von Millionen von Menschen zu opfern, weil sie als »Klassenfeinde«, »Reaktionäre« oder »Feinde des Fortschritts« der endgültigen, klassenlosen Menschheitsverbrüderung im Weg standen. Das etwaige Leiden der »Refugees« wiegt vom Gesichtspunkt des Weltgewissens schwerer als jenes der Bürger des eigenen Staates, die im schlimmsten Fall das Pech haben, ihr Leben zu verlieren. Wie viele ertrunkene Aylans wiegen eine Maria Ladenburger oder ein Dutzend ermordete Besucher des Berliner Weihnachtsmarktes auf?

Wo gehobelt wird, fallen Späne, und der Prozeß des »großen Austauschs« bedeutet trotz der süßlichen Sprache, in der er angepriesen wird, daß noch viele, viele Bäume abgeholzt und viele Steine aus dem Weg geräumt werden müssen. Und weil man es hier mit einer Art von Kriegführung, vielleicht sogar einer Art von Genozid zu tun hat, könnte der militärische Fachbegriff *Kollateralschaden* einiges erhellen. Laut Wikipedia bezeichnet er »in der räumlichen Umgebung eines Ziels entstehende, an sich unbeabsichtigte oder eventuell ›in Kauf genommene‹ Schäden aller Art.« Beispiele sind »Beschädigungen an Bauobjekten bzw. Kulturgütern oder Zerstörung von Wohnhäusern«, »Verstümmelungen oder Tötung von Zivilisten« oder »Tötung von Zivilpersonen in Folge von Fehlinformationen«. Na bitte! Der Schlüssel paßt perfekt. Jeder Beraubte, Verletzte,

Erschlagene, Ermordete, jedes Vergewaltigungs- und Terroropfer, jede geschändete Kirche und jedes verwahrloste Stadtviertel, jede unsicher gemachte Nachbarschaft, jede kollabierende Schule: alles leider, leider unvermeidliche Kollateralschäden, »die in Kauf genommen« werden müssen, solange das Experiment der globalistischen Ideologie vorangetrieben wird. Nichts anderes hat de Maizière im Grunde gesagt, als er der *Bild*-Zeitung mitteilte: »Wir werden mit dem Terror leben müssen.« Müssen wir?